Libro del alumno

Nivel 2

Belén Doblas Álvarez, Olga Morales López y Ainoa Polo Sánchez
Con la colaboración de María Ángeles Palomino y ZsuZsanna Ruppl

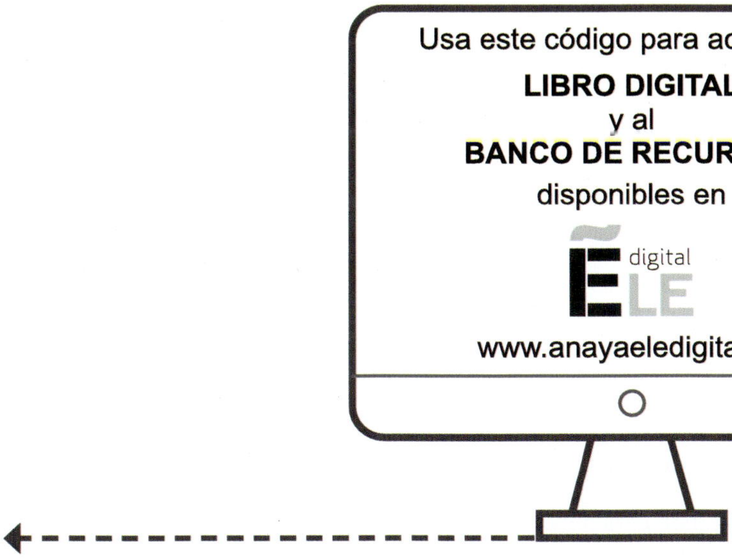

edelsa
GRUPO DIDASCALIA, S.A.

1ª edición: 2017
7ª impresión: 2023
Impreso en España/*Printed in Spain*

Autoras: Belén Doblas Álvarez, Olga Morales López y Ainoa Polo Sánchez.
Con la colaboración de María Ángeles Palomino y ZsuZsanna Ruppl.

Dirección y coordinación editorial: Departamento de Edición de Edelsa.
Diseño de cubierta: Departamento de Imagen de Edelsa.
Diseño de interior y maquetación: Departamento de Imagen de Edelsa.
Ilustraciones: Ángeles Peinador Arbiza.
Fotografías: Photos.com
Audio: Bendito sonido.

ISBN: 978-84-9081-224-2
Depósito legal: M-28227-2017

¡Bienvenido a este curso de español!

Versión mixta: digital y papel

¿En qué consiste?

1. Trabajar con el material digital

- Libro del alumno digitalizado interactivo.
- Blog en la red.
- Ejercicios y actividades complementarias de descarga gratuita.

} www.edelsa.es

2. Trabajar con el libro en formato papel

- Libro del alumno (Págs. 6 a 96).
- Carpeta de actividades complementarias (Págs. 97 a 128).

¿Cómo funciona el libro?

Este libro tiene 6 unidades

Observa la primera página de cada unidad y sus objetivos.

Cada unidad tiene 2 lecciones

Empezamos cada unidad con un diálogo o un texto.

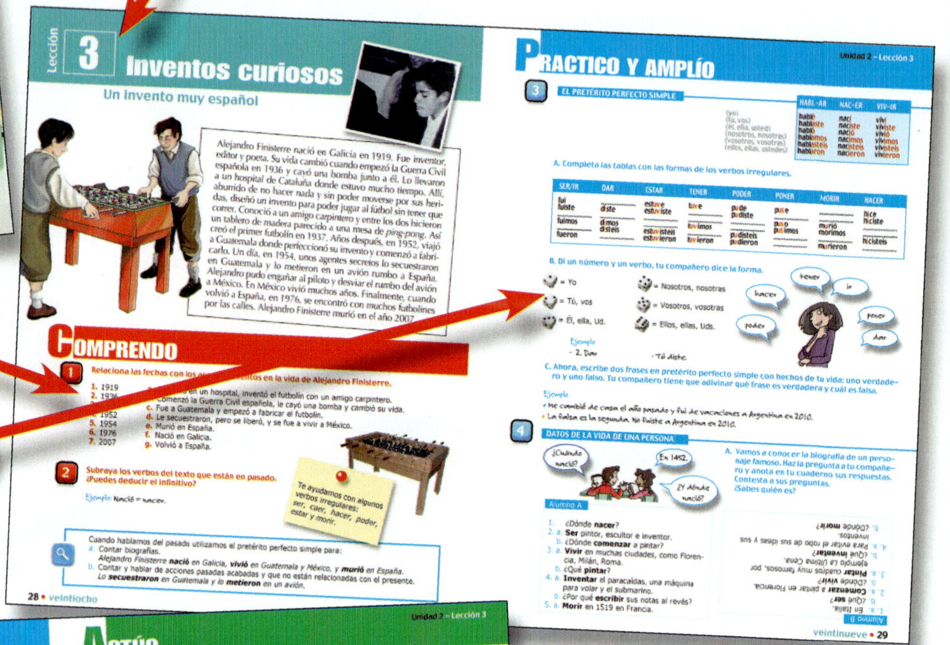

Responde las preguntas sobre el diálogo o el texto.

Practica y comunica en español.

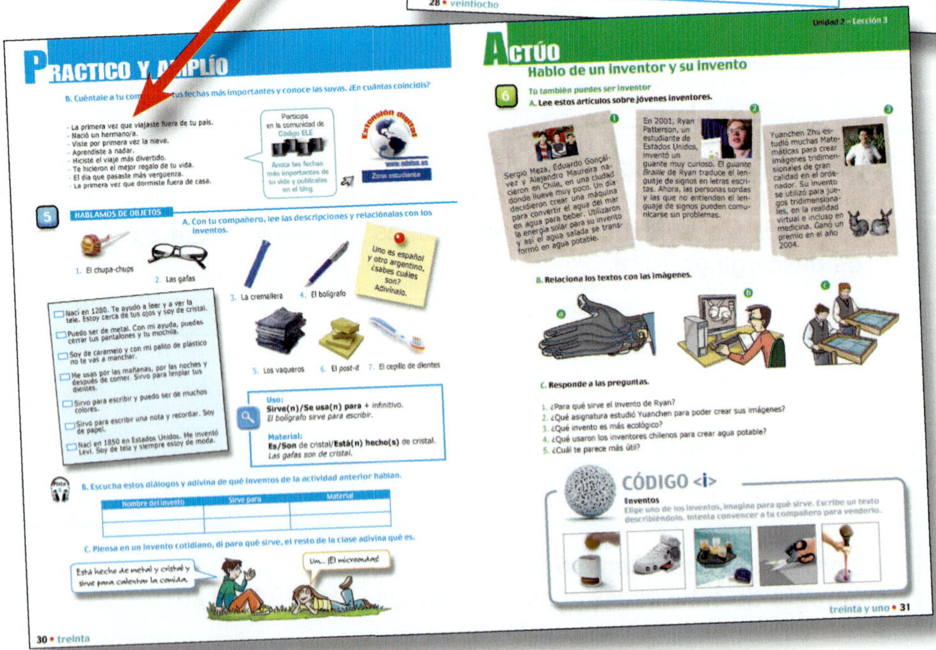

Participa en la comunidad de Código ELE

BLOG

Descubre tu estilo y publícalo en el blog.

Extensión digital
www.edelsa

On-line

Escribe en español y publícalo en el blog Código ELE en www.edelsa

Educación para la ciudadanía

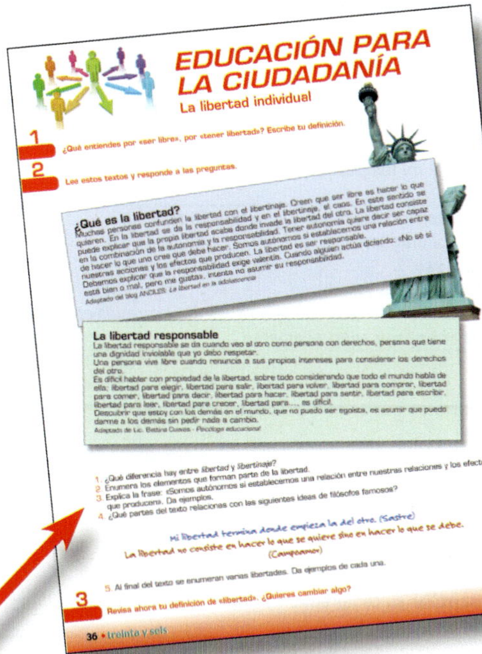

Actividades para la educación en valores.

Aprendizaje interdisciplinar

Relaciona tu clase de español con otras clases: Geografía, Matemáticas, Educación Física...

Repasa y fija tus conocimientos:
- de comunicación.
- de gramática.
- de texto.

Recapitulación y práctica

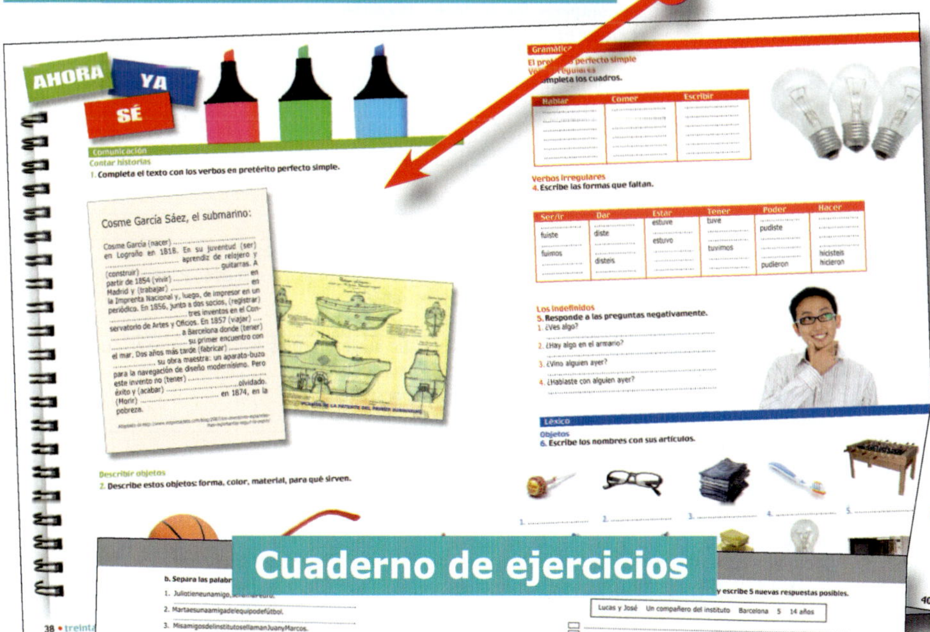

Modelos de examen

Prepárate para un examen.

Cuaderno de ejercicios

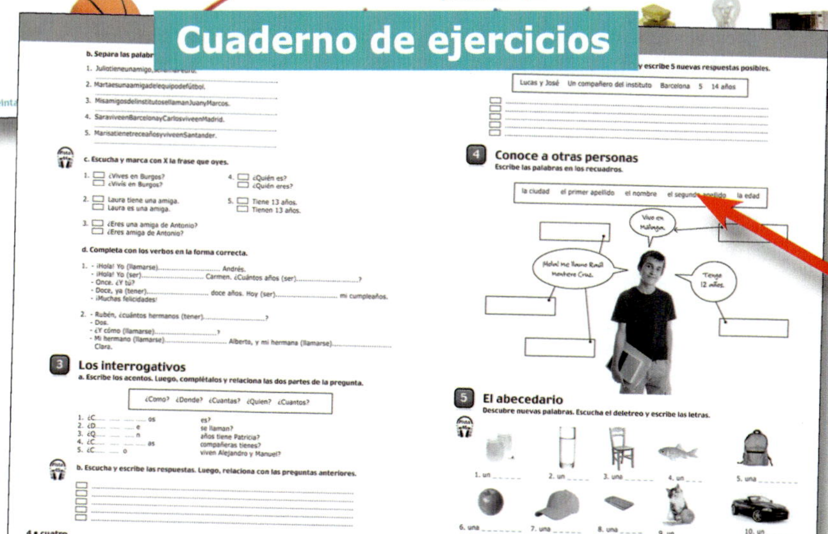

12 páginas de actividades por cada unidad.

Índice del libro del alumno

Conocimientos lingüísticos	Saberes y habilidades culturales
La descripción física de personas. Los nombres de los meses del año y el uso de las preposiciones con valor temporal. Las horas, los días de la semana y los verbos regulares e irregulares más frecuentes en presente.	Jóvenes famosos internacionalmente. Fiestas nacionales de especial importancia.
- Los nombres de las prendas de ropa. - Los nombres de los colores y la concordancia adjetivos + sustantivos. - Los verbos *gustar*, *encantar* y *parecer*, y los pronombres indirectos. - El adverbio *muy* con los adjetivos.	
- Los nombres de las tiendas y comercios y la terminación *-ería.* - Los demostrativos según los tres grados de proximidad. - Los números que apocopan o con terminación femenina. - Los comparativos y los superlativos y la formación de los superlativos en *–ísimo.*	Los comercios. La paga semanal entre los jóvenes.
- *Poder* + infinitivo y *para* + infinitivo.	La conciencia ecológica.
- Los envoltorios y los materiales. - *Ser de* + material y *estar hecho de* + material.	Productos y envoltorios habituales en un comercio español.
- La forma del pretérito perfecto simple de los verbos regulares y de los irregulares más frecuentes. - Los nombres de objetos de uso cotidiano. - Las formas de los objetos. - La expresión final *servir para* + infinitivo.	Inventos hispanos.
- *Cuando* + pretérito perfecto simple. - Marcadores temporales del pasado. - Los indefinidos *algo, nada, alguien, nadie, alguno, ninguno...* - Los interrogativos *qué, quién, cómo, cuándo, dónde, por qué.*	
- *Estar de acuerdo con... en... y no estar de acuerdo con... en...*	El concepto de *libertad responsable.*
- Los nombres de los inventores y las nacionalidades.	El invento más útil.
- El pretérito perfecto compuesto y algunos participios irregulares. - Los adverbios *nunca, tampoco* y *ya.* - Los nombres de algunos deportes y los utensilios y características para practicarlos. - Los marcadores temporales del pasado.	El concepto de *puente* o día de descanso entre dos fiestas.
- Contraste entre el pretérito perfecto simple y el compuesto. - El léxico para hablar de viajes. - Los nombres de los objetos del equipaje. - Los medios de transporte.	Canarias como lugar de turismo y ocio.
- Descripciones de otras culturas en convivencia.	El concepto de cultura e integración cultural.
- Los nombres de los continentes y los océanos y lugares geográficos de especial interés.	
- La forma del pretérito imperfecto de los verbos regulares e irregulares. - Usos del pretérito imperfecto. - Contraste *antes* y *ahora.* - El léxico para hablar de cantantes y canciones.	Cuatro cantantes hispanos internacionalmente conocidos.
- Contraste entre el pretérito perfecto simple y el pretérito imperfecto. - Expresiones de sentimientos con los colores. - Expresiones para hablar del tiempo atmosférico.	
- Expresiones para hablar de los derechos y obligaciones.	El respeto a todos.
- Los nombres de los instrumentos que componen una orquesta.	
- El género de los sustantivos para referirse a las profesiones y las terminaciones *-ero, -ista, -ante* y *-or.* - Verbos y actividades para describir las profesiones. - Las expresiones de obligación *es importante/necesario* + infinitivo.	Jóvenes ejemplares. Las inteligencias múltiples.
- El verbo *doler*, los pronombres indirectos y la ausencia del posesivo. - La ausencia del artículo y del posesivo en expresiones como *tener dolor de...* - Los nombres de las partes del cuerpo y los medicamentos.	Expresiones sociales referidas a la salud, como «¡Jesús!» o «¡Salud!», «Ponte bien pronto», etc.
- Los nombres de los alimentos. - Los platos.	La dieta y la organización de un menú español.
- Los órganos humanos y las actividades.	
- Los verbos y las expresiones para proponer acciones ecológicas. - La forma del imperativo de los verbos regulares y de los irregulares más frecuentes. - Los pronombres con los imperativos.	Vitoria, la ciudad verde.
- La oración condicional de *si* + presente + imperativo. - Los nombres de animales salvajes más corrientes. - La expresión *estar* + gerundio en presente. - Los nombres de las partes de los animales. - Los verbos *medir, pesar, volar, saber* + actividad, etc., para describir animales.	
- El vocabulario de la naturaleza.	
- Técnicas de expresión escrita.	

E. Relaciona cada verbo con la ilustración correspondiente.

1 2 3 4 5 6 7 8 9 10

a. Jugar al fútbol	☐		**f.** Levantarse	☐
b. Ducharse	☐		**g.** Hacer los deberes	☐
c. Desayunar	☐		**h.** Comer	☐
d. Ir al instituto	☐		**i.** Cenar	☐
e. Acostarse	☐		**j.** Merendar	☐

F. Descubre la rutina de Juan y completa su horario.

1. Me levanto todos los días una hora y media antes de ir al instituto.
2. A las nueve salgo de casa para ir al instituto.
3. Tengo clase hasta media hora antes de comer.
4. Casi siempre como en casa con mi madre que llega a las tres.
5. Por la tarde estudio dos horas.
6. Tengo clase de guitarra a las siete, justo cuando acabo de estudiar. Dura una hora.
7. Ceno cuando vuelvo de clase de guitarra.
8. Me acuesto tarde, a las once, duermo ocho horas y media exactamente.

LUNES

HORA	ACTIVIDAD
....	....
9:00	Sale de casa para ir al instituto.
....	....
....	....
....	....
....	....
....	....
....	....

G. Completa tu rutina diaria. Luego, escribe un texto en tu cuaderno explicándolo.

	LUNES	MARTES	MIÉRCOLES	JUEVES	VIERNES

ACTÚA

Ahora entrevista a tu compañero y preséntalo.

- ¿Cómo te llamas?
- ¿Cuántos años tienes?
- ¿De dónde eres?
- ¿Dónde vives?
- ¿Tienes hermanos?
- ¿Cuándo es tu cumpleaños?
- ¿Cuál es tu asignatura preferida?
- ¿Qué quieres ser de mayor?

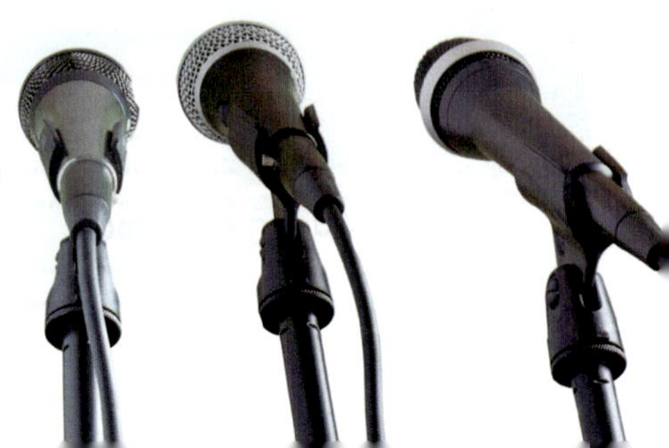

Crea tu estilo de moda

Unidad 1

En esta unidad aprendes a...

- **Describir ropa y estilos.**
- **Expresar gustos y preferencias.**
- **Describir y comparar personas y objetos.**
- **Nombrar tiendas y sus productos.**
- **Explicar cómo reciclar y reutilizar la ropa.**

Lección **1**

¿Cómo nace la moda?

La moda y la personalidad

moda y tendencia

La ropa refleja nuestra personalidad, nuestra forma de ser y nuestros gustos. A los jóvenes nos gusta identificarnos con un grupo, pero también nos gusta ser originales y tener nuestro propio estilo personal.

La moda nace de muy diferentes formas. Por ejemplo, los diseñadores siempre crean nuevas tendencias y muchos personajes famosos adoptan estas modas y los demás las copian y siguen a través de las revistas de moda o los medios de comunicación. Además, los cazadores de tendencias (profesionales de la moda que buscan continuamente nuevas ideas) viajan a las ciudades, observan y fotografían la forma en que los jóvenes del mundo visten. Después, todas estas ideas podemos verlas en las tiendas de moda más importantes. Por eso, podemos decir: «¡La moda está en la calle!».

COMPRENDO

1 **Escribe en este mapa mental todas las palabras relacionadas con LA MODA que aparecen en el texto. Si conoces otras, añádelas.**

2 **¿Verdadero o falso?**

	V	F
1. A los jóvenes les gusta estar en un grupo o tribu urbana, pero ser también diferentes.	☐	☐
2. La moda nace de una única forma.	☐	☐
3. Los cazadores de tendencias buscan inspiración solo en las revistas. Nunca viajan.	☐	☐
4. A los jóvenes les gusta crear nuevas tendencias.	☐	☐
5. La moda no está en la calle, solo en las tiendas.	☐	☐

3 **Relaciona.**

1. La ropa refleja	a. con un grupo.
2. Nos identificamos	b. de diferentes formas.
3. Nos gusta tener	c. la personalidad.
4. La moda nace	d. nuestro propio estilo.
5. Los diseñadores crean	e. nuevas tendencias y estilos.

PRACTICO Y AMPLÍO

4 LA ROPA

Sigue las pistas para completar los nombres de las prendas.

1. La camisa está a la derecha del vestido.
2. Los zapatos están a la izquierda de los pantalones.
3. La falda está en el centro de toda la ropa y a la izquierda de los guantes.
4. La camiseta está debajo de la falda.
5. La cazadora está encima de la falda.
6. El bolso está a la izquierda de la falda.
7. Las zapatillas están a la derecha de los guantes.
8. El gorro está debajo del bolso.
9. Los calcetines están encima de las zapatillas de deporte.
10. Las botas están entre la cazadora y los calcetines.
11. La bufanda está a la izquierda del gorro.
12. El jersey está a la izquierda del bolso.

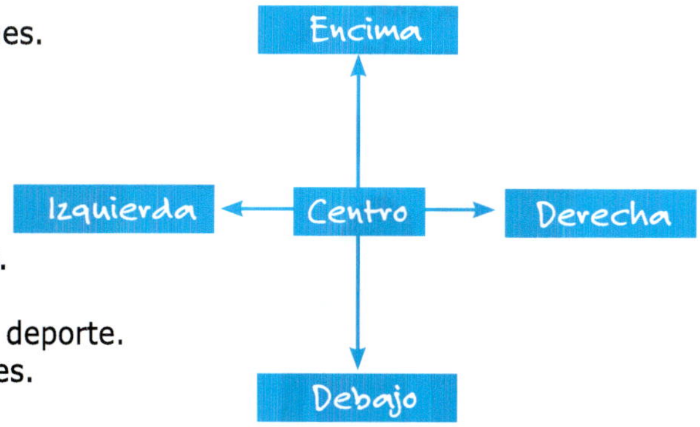

El vestido

La _ _ _ i _ _

La _ _ z _ _ _ _ _

Las _ _ t _ _

Los _ _ _ _ _ _ _ _ e _

El _ _ _ _ _ y

El _ _ _ _ o

La falda

Los _ _ _ n _ _ s

Las _ _ p _ _ _ _ _ _ _

La _ _ _ _ _ d _

El _ _ _ r _

La _ _ _ _ _ _ t _

Los _ _ p _ _ _ _

Los pantalones

5 DESCRIBIR LA ROPA

A. Ordena las prendas anteriores según los colores y escribe las frases.

(Femenino/Singular) → La cazadora negra.
(Masculino/Plural) → Los pantalones azules.

Negro	→	Marrón	→ ....
Azul	→	Gris	→ ....
Violeta	→	Verde	→ ....
Rojo	→	Amarillo	→ ....
Blanco	→	Rosa	→ ....

B. Describe la ropa de un compañero. Escribe 5 frases. Escucha las 5 frases de tu compañero. ¿A quién describe?

1. ....
2. ....
3. ....
4. ....
5. ....

C. En menos de un minuto, observa y haz una lista de las prendas que llevan estos chicos. ¿Quién hace más frases correctas?

1. ....
2. ....
3. ....
4. ....
5. ....
6. ....
7. ....

6 EXPRESAR GUSTOS Y PREFERENCIAS

A mí	me	+	gusta/parece/encanta	+ sustantivos singulares o verbos
A ti/vos	te			
A él/ella/usted	le			
A nosotros/nosotras	nos		gustan/parecen/encantan	+ sustantivos plurales
A vosotros/vosotras	os			
A ellos/ellas/ustedes	les			

Utilizamos el verbo *gustar* para expresar gustos: *Me gusta el color negro.* En cambio, utilizamos el verbo *parecer* para expresar una opinión: *El estilo gótico me parece aburrido.*

EXPRESAR LA OPINIÓN

A mí me parece	(+ MUY)	feo/a ≠ bonito/a fácil ≠ difícil bien ≠ mal pequeño/a ≠ grande interesante ≠ aburrido agradable
	~~(MUY)~~	estupendo/a, fantástico/a, increíble, genial, fatal, horrible

A. Completa las frases con los verbos gustar y parecer, y los pronombres necesarios.

1. A mí .... los pantalones vaqueros.
2. ¿Qué .... (a ti) mi mochila roja?
3. A ellas tampoco .... el color rosa.
4. A María .... aburridas las revistas de moda.
5. A mis padres .... interesante el estilo de Nico.
6. ¿.. los zapatos marrones? A mí no.
7. A mis amigos .... llevar ropa cómoda.
8. ¡A mí también .... mucho ir a la moda!

ACTÚO

Conozco a mis compañeros de clase

7

Pista 2

Describo mi estilo de moda

A. **Escucha y escribe el nombre de estas personas.**

a ....

b ....

c ....

B. **Completa el cuadro con los gustos de Pedro y Lola. Marca – para los gustos negativos y + para los positivos.**

	Pedro	Lola
Le gusta el color rosa.		
Le gusta el estilo de Pablo.		
Le gusta el color negro.		
Le gusta el estilo de Elisa.		
Le gusta la ropa con muchos colores.		
Le gusta el estilo de Mara.		

C. **En grupos, ¿cuál de los tres estilos te gusta más y por qué? Utiliza los verbos gustar y parecer para expresar tus opiniones y después comentarlas con la clase.**

Ejemplo:

A nuestro grupo nos gusta..., nos parece...

Participa en la comunidad de Código ELE

BLOG

Descubre tu estilo y publícalo en el blog.

Extensión digital

www.edelsa

Zona estudiante

CÓDIGO <m>

Concurso de jóvenes diseñadores de Moda

Con tu grupo, crea un nuevo estilo y describe como es:

- **Busca un nombre para vuestra creación y explica en qué consiste.**
- **A qué jóvenes representa.**
- **Sus características.**
- **Las prendas y colores utilizados.**

Preséntalo a la clase y entre todos elegimos el ganador del concurso.

Lección

2 La lista de la compra

De excursión al bosque

Pista 3

Juan: ¡Qué bien, mañana vamos de excursión al bosque!
Isabel: Sí, sí, pero antes tenemos que comprar todas las cosas que faltan.
Juan: ¿Tienes la lista de la compra?
Isabel: Sí, claro. Vamos a ver... Primero tenemos que comprar las aspirinas y las tiritas en la farmacia.
Juan: Tiritas no, que tengo yo en casa.
Isabel: Vale. Algo dulce para el viaje. Podemos comprar unos bollos de chocolate.
Juan: ¿Dónde? ¿En la pastelería o en la panadería? A mí me gustan más los de la pastelería, porque están más ricos, aunque creo que son más caros.
Isabel: ¿Pero cuánto cuestan?
Juan: Dos euros cada uno.
Isabel: ¡Vale!, vamos a comprarlos allí, en la pastelería. ¿Qué más? Aún tenemos que comprar queso, chorizo y jamón de York para hacer los bocadillos. ¡Ah! Y también las bebidas.
Juan: Tranquila, queso y jamón tiene mi madre, y el chorizo y el pan los compramos en aquel supermercado de allí.
Isabel: Y el agua, rellenamos las cantimploras en casa.

COMPRENDO

1 **Contesta a las preguntas.**

1. ¿Dónde van de excursión?
2. ¿A cuántas y qué tiendas tienen que ir para comprar todas las cosas de la lista?
3. ¿Cuánto cuestan los bollos de chocolate?
4. ¿Dónde compran los bollos de chocolate, en la panadería o en la pastelería?, ¿por qué?
5. ¿De qué van a hacer los bocadillos para la excursión?

2 **Busca en el diálogo el nombre de estos objetos.**

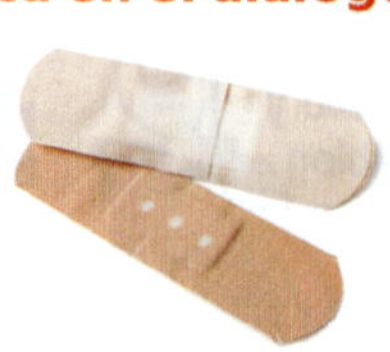

1. ....

2. ....

3. ....

4. ....

3 **Relaciona, ¿qué les falta aún y qué no tienen que comprar?**

Aún les falta(n)

No tienen que comprar

Aspirinas
Tiritas
Bollos
Queso
Jamón
Chorizo
Pan
Agua

PRACTICO Y AMPLÍO

4 LAS TIENDAS

A. Relaciona los productos con el nombre de la tienda donde se compran.

Los zapatos en la zapatería y la fruta en la frutería.

1

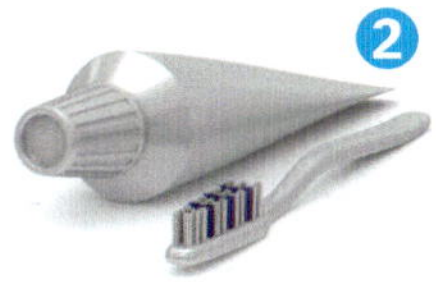

2

3

- ☐ pescadería
- ☐ floristería
- ☐ droguería
- ☐ zapatería
- ☐ heladería
- ☐ frutería
- ☐ carnicería
- ☐ panadería
- ☐ ferretería

4

5

6

7

8

9

B. Recuerda que muchas tiendas en español llevan el sufijo -ería: pescadería, peluquería, etc. Márcalo en las tiendas anteriores.

C. Tu clase va a pasar un día de verano en el parque de atracciones. Haz una lista con, al menos, cinco artículos que vais a llevar y las tiendas donde tendréis que comprarlos.

ARTÍCULO	TIENDA
Botella de agua	Supermercado

SITUAR

LOS DEMOSTRATIVOS

CERCA → LEJOS

	AQUÍ		AHÍ		ALLÍ	
	Singular	Plural	Singular	Plural	Singular	Plural
Masculino	este	estos	ese	esos	aquel	aquellos
Femenino	esta	estas	esa	esas	aquella	aquellas

5 Marca la opción correcta.

1. • Me gusta mucho este/esta falda de aquí y ese/aquel vestido rojo de ahí. ¡Qué bonito es! Pero es tarde. ¿Vamos de compras esta/aquella tarde?
   • Esta/Este tarde no puedo, mañana tengo un examen.
2. • Luis, ¿quién es ese/eso de ahí?
   • ¿Ese/Aquel chico rapero de allí? Es mi hermano.
3. Este/Esta ordenador no funciona bien.
4. ¡Esa/Esta chica de la foto de la revista que ves aquí es Carolina!
5. ¿Esa/Esta tienda de ahí está abierta o cerrada?
6. ¡Cuidado con aquellos/estos platos de aquí, por favor!

PRACTICO Y AMPLÍO

6 LOS NÚMEROS

Escribe en letras las cantidades de estos artículos.

1 (un) abrigo
21 (veintiún) abrigos
31 (treinta y un) abrigos
200, 300 (doscientos, trescientos)... abrigos

-a
1 (una) cazadora
21 (veintiuna) cazadoras
31 (treinta y una) cazadoras
200, 300 (doscientas, trescientas)... cazadoras

7 LOS COMPARATIVOS Y SUPERLATIVOS

COMPARATIVOS	SUPERLATIVOS
De superioridad: más + adjetivo + que El abrigo es más largo que la cazadora. De inferioridad: menos + adjetivo + que El gorro rojo es menos caro que el verde. De igualdad: tan + adjetivo + como El vestido es tan caro como la falda.	Es muy caro/a = Es carísimo/a. Es muy barato/a = Es baratísimo/a. Es muy corto/a = Es cortísimo/a. Es muy largo/a = Es larguísimo/a. Es muy poco/a = Es poquísimo/a.

A. Forma los superlativos de estos adjetivos.

1. Es un vestido muy elegante.
2. Es un abrigo muy moderno.
3. Es un ejercicio muy fácil.
4. Tengo un problema muy difícil.
5. Es una tienda muy grande y moderna.

B. Escribe en tu cuaderno frases utilizando los demostrativos para hacer comparaciones según prefieras.

1. Falda/camisa (caro)
2. Botas/zapatillas (bonito)
3. Abrigo/jersey (largo)
4. Vestido/pantalones (grande)
5. Gorro/guantes (moderno)

ACTÚO

Doy ideas y escucho las de otros

8 Dos amigas están de compras

A. Escucha y responde a las preguntas.

Pista 4

Laura: Mira qué cosas más bonitas. Me encanta esta vela roja, y esta verde también me gusta mucho. ¿Y la vela azul de allí? Creo que me las voy a comprar todas.
Bea: Pero, Laura, no te puedes comprar todo lo que ves y te gusta. Tienes que pensarlo.
Laura: Ay, te pareces a mi madre, ¡qué pesada! A ver el precio... 3 euros cada una, uff... no, es demasiado caro. Bueno, pues una, me compro una, la azul.
Bea: Seguro que la necesitas, ¿verdad?
Laura: Ay, que sí. Mira esto, ¡es un elefante! ¡Me encanta! Hago colección de elefantes.
Bea: ¿Cuánto cuesta?
Laura: 8 €.
Bea: ¿Y te lo vas a comprar?
Laura: Sí, lo que pasa es que solo tengo 10 €. Anda, déjame 1 euro y te lo doy el fin de semana.
Bea: No, de eso nada. Debes aprender a administrarte tu dinero y a comprar solo lo que necesitas.
Laura: ¡Vaya amiga que tengo! ¡Muchas gracias!

1. ¿Dónde están las dos amigas?
2. ¿Qué quiere comprar Laura?
3. ¿Por qué no puede comprar todo lo que quiere?
4. ¿Cuál de las dos amigas crees que tiene razón?

B. Marca de qué objetos hablan.

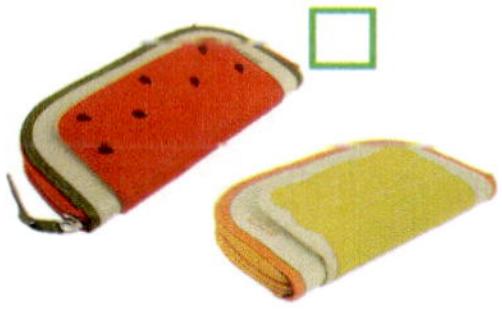

9 Y tú, ¿qué compras con tu paga semanal?

A. Marca lo que compras.

golosinas

revistas

CD

ropa

ir al cine

bisutería

recarga del móvil

B. ¿Crees que haces el mejor uso de tu paga? ¿Cómo puedes hacer para administrarte mejor?

CÓDIGO <P>

La paga semanal

Da cinco ideas para gastar correctamente tu paga semanal

1. ....
2. ....
3. ....
4. ....
5. ....

EDUCACIÓN PARA LA CIUDADANÍA

Los jóvenes y el consumo

1 **Lee el texto y responde a las preguntas.**

Según un estudio de *marketing* y ventas, algunos jóvenes corrigen al gran filósofo Descartes y cambian el famoso «Pienso, luego existo» por «Cambio, luego existo». Para ellos, el cambio es vida. Y el ritmo del cambio es frenético, rapidísimo. Son consumidores antes que ciudadanos. El dinero es para ellos como una «varita mágica» que abre las puertas del «paraíso terrenal». Su objetivo principal es conseguir un buen nivel de vida. Les gustan las marcas y se dejan seducir por ellas. El estatus es lo más importante que las firmas pueden ofrecer a los jóvenes. El 42% dice que le gustan las marcas porque así parece más rico.

En EE. UU. se usa la ropa de marca para expresar la individualidad y para diferenciarse del resto. En otros países es todo lo contrario, las marcas se usan para identificarse con un grupo determinado.

El estatus es importante, ser identificado por quién eres y por lo que defiendes. Las marcas ayudan a enseñar a qué grupo perteneces y con cuál no quieres ser identificado. A los jóvenes las marcas les ayudan a construir su identidad e imagen entre sus amigos.

1. ¿Qué significa: «Cambio, luego existo»?
2. ¿Te sientes identificado con la frase anterior?
3. Según el texto, ¿por qué es importante la ropa de marca entre los jóvenes?
4. ¿Estás de acuerdo con lo que dice el texto? ¿Por qué?
5. ¿Eres un adicto a las marcas? ¿Por qué?

2 **En grupo, forma dos listas de argumentos: una a favor de llevar marcas y otra en contra.**

ESPACIO INTERDISCIPLINAR

¡ME GUSTA LA EDUCACIÓN TECNOLÓGICA!

1 RELACIONA LAS FOTOS CON LOS NOMBRES. LUEGO, SUBRAYA LOS ENVASES.

a. ☐ 

b. ☐ 

c. ☐ 

d. ☐ 

e. ☐ 

f. ☐ 

g. ☐ 

h. ☐ 

i. ☐ 

j. ☐ 

k. ☐ 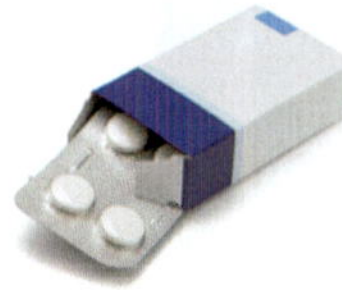

1. una bandeja de fresas
2. una bolsa de patatas
3. un bote de mermelada
4. una botella de agua
5. una caja de aspirinas
6. una caja de bombones
7. un frasco de perfume
8. una lata de guisantes
9. un paquete de galletas
10. un sobre
11. un «tetrabrik» de leche

2 AHORA, DI LOS ENVASES CORRESPONDIENTES A ESTOS PRODUCTOS.

colonia · zumo de naranja · champiñón · judías verdes cocidas · pasteles · crema · gaseosa · pan de molde · caramelos · aceite · compota de manzana

3 ¿QUÉ OTROS PRODUCTOS CONOCES? ¿CUÁL ES SU ENVASE?

4 ¿DE QUÉ MATERIA ES CADA ENVASE, DE QUÉ ESTÁ HECHO CADA UNO?

1. de cartón
2. de cristal o vidrio
3. de plástico
4. de papel
5. de metal
6. de madera
7. de tela

a. ☐ 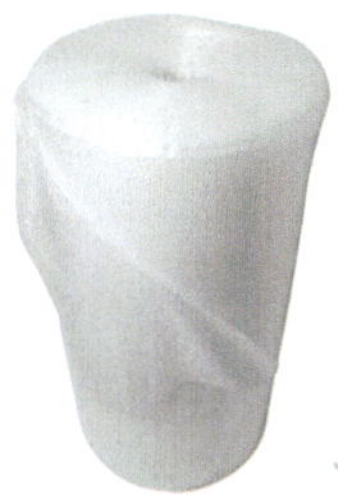

b. ☐ 

c. ☐ 

d. ☐ 

e. ☐ 

f. ☐ 

g. ☐ 

AHORA YA SÉ

Comunicación

Describir la ropa de una persona

1. ¿Qué llevan estos chicos? Indica el nombre de cada prenda y su color.

Expresar gustos y preferencias

2. Reacciona con A mí también/A mí tampoco.

1. La película no me parece interesante. ....
2. La falda me parece muy larga. ....
3. Los ejercicios me parecen difíciles. ....
4. Las amigas de Pedro no me parecen simpáticas. ....
5. Ese libro me parece aburrido. ....
6. Aquel coche no me parece bonito. ....
7. Ese parque me parece agradable. ....

Gramática

Los demostrativos

3. Escribe los demostrativos correspondientes.

Está(n) aquí:
1. la bicicleta ....
2. los gatos ....
3. las mochilas ....
4. el libro ....

Está(n) ahí:
5. los cuadernos ....
6. la revista ....
7. el ordenador ....
8. las tiendas de ropa ....

Está(n) allí:
9. las barras de pan ....
10. el supermercado ....
11. los coches ....
12. la farmacia ....

Los comparativos

4. Escribe frases con comparativos y con los adjetivos indicados.

1. El libro cuesta 8 euros, la revista también. (caro) ....
2. Juan mide 1,68 m y Lola 1,58. (alto) ....
3. El gato pesa 3 kilos y el perro 12. (gordo) ....
4. Julio estudia 2 horas al día y Elena 1. (estudioso) ....

Los superlativos

5. Escribe el superlativo correspondiente.

1. corto ....
2. poco ....
3. larga ....
4. caro ....
5. fácil ....
6. grande (la casa) ....

Léxico

La ropa

6. Escribe el nombre de cada prenda.

1. Los pantalones

2. ....

3. ....

4. ....

5. ....

6. ....

7. ....

8. ....

9. ....

10. ....

Algunas tiendas

7. ¿En qué tienda puedes comprar cada producto?

1. tiritas ....
2. una tarta ....
3. carne ....
4. fresas ....
5. helado ....
6. queso ....
7. bollos de chocolate, pan ....
8. queso, chorizo, jamón ....
9. pescado ....
10. un frasco de colonia ....
11. un ramo de flores ....
12. botas ....

Los números

8. Escribe estos números con letras.

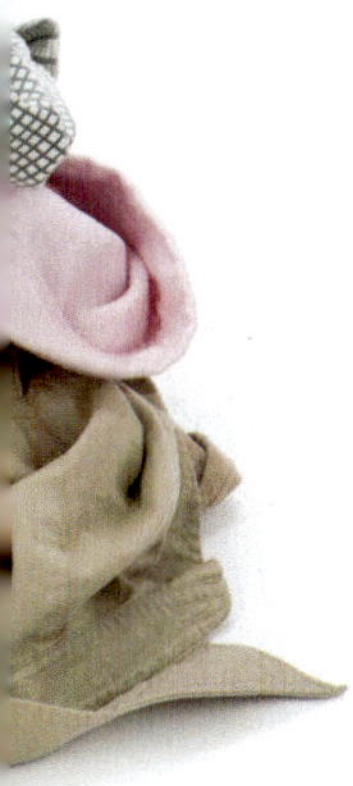

25 ....
250 ....
407 ....
632 ....
876 ....
100 ....
394 ....
555 ....
710 ....
909 ....

Preparo mi examen

LEO Completa el texto con las palabras de la lista.

paga - papá - favoritas - caros - adolescentes - revistas - reciben - dinero
compran - marcas - móviles - escolares - cumpleaños - ahorrar

«¿Mamá, ..., me dais la paga?». Esta es una de las frases .... de los .... españoles.
Según una encuesta realizada a dos mil adolescentes de cien centros .... de toda España, los jóvenes de entre 12 y 16 años .... 10 euros de .... por semana. Pero también reciben .... de los abuelos, en Navidades y el día de su cumpleaños. Con este dinero .... principalmente ropa (para la mitad de los encuestados, las .... de ropa son importantes), comida rápida, productos tecnológicos como recargas de ...., entradas de cine, videojuegos, regalos de .... para los amigos o ....
Un 50% de los encuestados también afirma .... una parte de su dinero para comprar productos más .... en el futuro, como un MP4.

ESCUCHO Escucha la conversación entre Borja y su madre. ¿A qué tiendas tiene que ir Borja? Anótalas.

Pista 5

1. ....
2. ....
3. ....
4. ....

ESCRIBO Contesta personalmente a esta encuesta de Internet sobre los adolescentes y la ropa.

1. ¿Cuál es tu vestimenta favorita?
2. ¿Qué te pones para ir al instituto?
3. ¿Te gusta la moda?
4. ¿Compras ropa con tu paga semanal? ¿Qué otras cosas compras?

HABLO Por turnos, describe la ropa de una persona a tu compañero. Él dice quién es.

Descubre el mejor invento

Unidad 2

En esta unidad aprendes a...

- Mencionar y describir objetos e inventos.
- Señalar inventos e inventores.
- Narrar hechos pasados.
- Situar temporalmente acontecimientos pasados.
- Referirse a personas u objetos no definidos.
- Contar un sueño o un relato.

Lección

3 Inventos curiosos

Un invento muy español

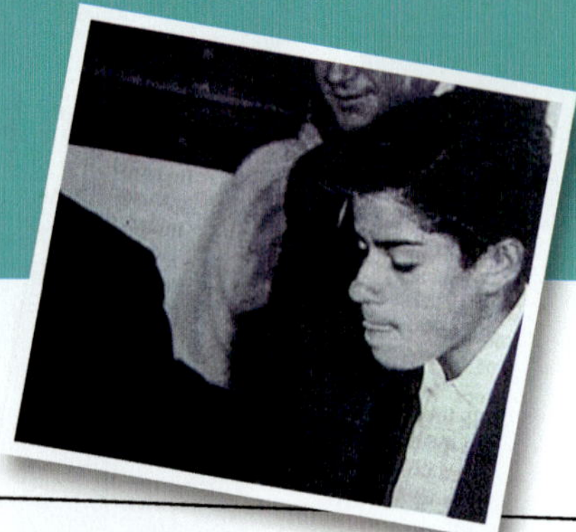

Alejandro Finisterre nació en Galicia en 1919. Fue inventor, editor y poeta. Su vida cambió cuando empezó la Guerra Civil española en 1936 y cayó una bomba junto a él. Lo llevaron a un hospital de Cataluña donde estuvo mucho tiempo. Allí, aburrido de no hacer nada y sin poder moverse por sus heridas, diseñó un invento para poder jugar al fútbol sin tener que correr. Conoció a un amigo carpintero y entre los dos hicieron un tablero de madera parecido a una mesa de *ping-pong*. Así creó el primer futbolín en 1937. Años después, en 1952, viajó a Guatemala donde perfeccionó su invento y comenzó a fabricarlo. Un día, en 1954, unos agentes secretos lo secuestraron en Guatemala y lo metieron en un avión rumbo a España. Alejandro pudo engañar al piloto y desviar el rumbo del avión a México. En México vivió muchos años. Finalmente, cuando volvió a España, en 1976, se encontró con muchos futbolines por las calles. Alejandro Finisterre murió en el año 2007.

COMPRENDO

1 **Relaciona las fechas con los acontecimientos en la vida de Alejandro Finisterre.**

1. 1919	**a.** Aburrido en un hospital, inventó el futbolín con un amigo carpintero.
2. 1936	**b.** Comenzó la Guerra Civil española, le cayó una bomba y cambió su vida.
3. 1937	**c.** Fue a Guatemala y empezó a fabricar el futbolín.
4. 1952	**d.** Le secuestraron, pero se liberó, y se fue a vivir a México.
5. 1954	**e.** Murió en España.
6. 1976	**f.** Nació en Galicia.
7. 2007	**g.** Volvió a España.

2 **Subraya los verbos del texto que están en pasado. ¿Puedes deducir el infinitivo?**

Ejemplo: Nació = nacer.

Te ayudamos con algunos verbos irregulares: *ser, caer, hacer, poder, estar y morir.*

Cuando hablamos del pasado utilizamos el pretérito perfecto simple para:

a. Contar biografías.
Alejandro Finisterre ***nació*** *en Galicia,* ***vivió*** *en Guatemala y México, y* ***murió*** *en España.*

b. Contar y hablar de acciones pasadas acabadas y que no están relacionadas con el presente.
Lo ***secuestraron*** *en Guatemala y lo* ***metieron*** *en un avión.*

PRACTICO Y AMPLÍO

3 EL PRETÉRITO PERFECTO SIMPLE

	HABL-AR	NAC-ER	VIV-IR
(yo)	hablé	nací	viví
(tú, vos)	hablaste	naciste	viviste
(él, ella, usted)	habló	nació	vivió
(nosotros, nosotras)	hablamos	nacimos	vivimos
(vosotros, vosotras)	hablasteis	nacisteis	vivisteis
(ellos, ellas, ustedes)	hablaron	nacieron	vivieron

A. Completa las tablas con las formas de los verbos irregulares.

SER/IR	DAR	ESTAR	TENER	PODER	PONER	MORIR	HACER
fui	....	estuve	tuve	pude	puse	....	hice
fuiste	diste	estuviste	....	pudiste	....	....	hiciste
....	....	....	....	....	puso	murió	....
fuimos	dimos	....	tuvimos	....	pusimos	morimos	....
....	disteis	estuvisteis	....	pudisteis	....	....	hicisteis
fueron	....	estuvieron	tuvieron	pudieron	....	murieron	....

B. Di un número y un verbo, tu compañero dice la forma.

⚀ = Yo
⚁ = Tú, vos
⚂ = Él, ella, Ud.
⚃ = Nosotros, nosotras
⚄ = Vosotros, vosotras
⚅ = Ellos, ellas, Uds.

Ejemplo
- 2. Dar
- Tú diste.

C. Ahora, escribe dos frases en pretérito perfecto simple con hechos de tu vida: uno verdadero y uno falso. Tu compañero tiene que adivinar qué frase es verdadera y cuál es falsa.

Ejemplo
- Me cambié de casa el año pasado y fui de vacaciones a Argentina en 2010.
- La falsa es la segunda. No fuiste a Argentina en 2010.

4 DATOS DE LA VIDA DE UNA PERSONA

A. Vamos a conocer la biografía de un personaje famoso. Haz la pregunta a tu compañero y anota en tu cuaderno sus respuestas. Contesta a sus preguntas. ¿Sabes quién es?

Alumno A

1. ¿Dónde **nacer**?
2. a. **Ser** pintor, escultor e inventor.
   b. ¿Dónde **comenzar** a pintar?
3. a. **Vivir** en muchas ciudades, como Florencia, Milán, Roma.
   b. ¿Qué **pintar**?
4. a. **Inventar** el paracaídas, una máquina para volar y el submarino.
   b. ¿Por qué **escribir** sus notas al revés?
5. a. **Morir** en 1519 en Francia.

Alumno B

1. a. En Italia.
   b. ¿Qué **ser**?
2. a. **Comenzar** a pintar en Florencia.
   b. ¿Dónde **vivir**?
3. a. **Pintar** cuadros muy famosos, por ejemplo *La Última Cena*.
   b. ¿Qué **inventar**?
4. a. Para evitar el robo de sus ideas y sus inventos.
   b. ¿Dónde **morir**?

B. Cuéntale a tu compañero tus fechas más importantes y conoce las suyas. ¿En cuántas coincidís?

- La primera vez que viajaste fuera de tu país.
- Nació un hermano/a.
- Viste por primera vez la nieve.
- Aprendiste a nadar.
- Hiciste el viaje más divertido.
- Te hicieron el mejor regalo de tu vida.
- El día que pasaste más vergüenza.
- La primera vez que dormiste fuera de casa.

Participa en la comunidad de Código ELE

BLOG

Anota las fechas más importantes de tu vida y publícalas en el blog.

Extensión digital

www.edelsa.es

Zona estudiante

5 HABLAMOS DE OBJETOS

A. Con tu compañero, lee las descripciones y relaciónalas con los inventos.

1. El chupa-chups

2. Las gafas

3. La cremallera

4. El bolígrafo

Uno es español y otro argentino, ¿sabes cuáles son? Adivínalo.

5. Los vaqueros

6. El *post-it*

7. El cepillo de dientes

- ☐ Nací en 1280. Te ayudo a leer y a ver la tele. Estoy cerca de tus ojos y soy de cristal.
- ☐ Puedo ser de metal. Con mi ayuda, puedes cerrar tus pantalones y tu mochila.
- ☐ Soy de caramelo y con mi palito de plástico no te vas a manchar.
- ☐ Me usas por las mañanas, por las noches y después de comer. Sirvo para limpiar tus dientes.
- ☐ Sirvo para escribir y puedo ser de muchos colores.
- ☐ Sirvo para escribir una nota y recordar. Soy de papel.
- ☐ Nací en 1850 en Estados Unidos. Me inventó Levi. Soy de tela y siempre estoy de moda.

Uso:
Sirve(n)/Se usa(n) para + infinitivo.
El bolígrafo sirve para escribir.

Material:
Es/Son de cristal/**Está(n) hecho(s)** de cristal.
Las gafas son de cristal.

Pista 6

B. Escucha estos diálogos y adivina de qué inventos de la actividad anterior hablan.

Nombre del invento	Sirve para	Material

C. Piensa en un invento cotidiano, di para qué sirve, el resto de la clase adivina qué es.

ACTÚO

Hablo de un inventor y su invento

6 **Tú también puedes ser inventor**

A. Lee estos artículos sobre jóvenes inventores.

1

Sergio Meza, Eduardo Gonçálvez y Alejandro Maureira nacieron en Chile, en una ciudad donde llueve muy poco. Un día decidieron crear una máquina para convertir el agua del mar en agua para beber. Utilizaron la energía solar para su invento y así el agua salada se transformó en agua potable.

2

En 2001, Ryan Patterson, un estudiante de Estados Unidos, inventó un guante muy curioso. El *guante Braille* de Ryan traduce el lenguaje de signos en letras escritas. Ahora, las personas sordas y las que no entienden el lenguaje de signos pueden comunicarse sin problemas.

3

Yuanchen Zhu estudió muchas Matemáticas para crear imágenes tridimensionales de gran calidad en el ordenador. Su invento se utilizó para juegos tridimensionales, en la realidad virtual e incluso en medicina. Ganó un premio en el año 2004.

B. Relaciona los textos con las imágenes.

a

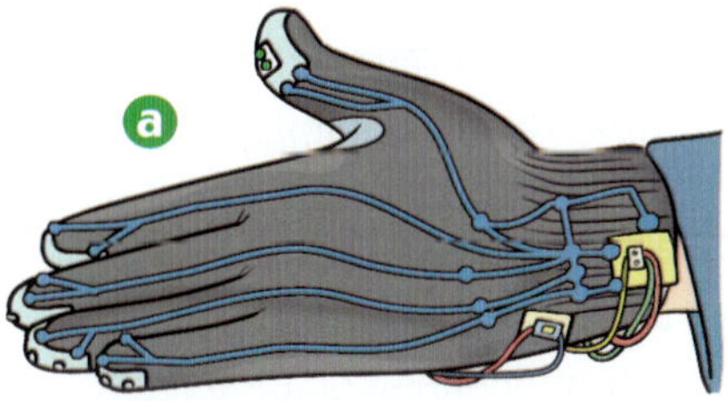

b

c

C. Responde a las preguntas.

1. ¿Para qué sirve el invento de Ryan?
2. ¿Qué asignatura estudió Yuanchen para poder crear sus imágenes?
3. ¿Qué invento es más ecológico?
4. ¿Qué usaron los inventores chilenos para crear agua potable?
5. ¿Cuál te parece más útil?

CÓDIGO <i>

Inventos

Elige uno de los inventos, imagina para qué sirve. Escribe un texto describiéndolo. Intenta convencer a tu compañero para venderlo.

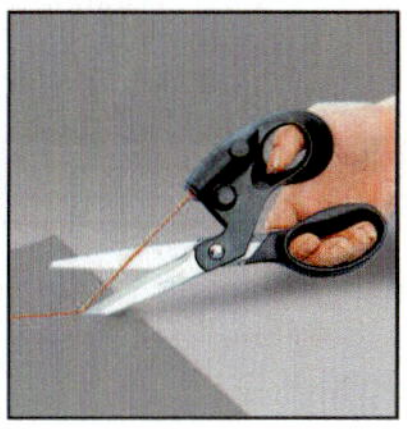

Lección

4 Contar historias

La invención de la bombilla

Lee el texto y complétalo con los verbos en pretérito perfecto simple.

Edison (tener) .... la brillante idea de acabar con la oscuridad. (Comenzar) .... a experimentar durante años y, después de más de mil intentos, (crear) .... la bombilla. Cuando la (terminar) ...., se la (dar) .... a un joven ayudante de su taller. El chico se (poner) .... nervioso, (subir) .... las escaleras y cuando (llegar) .... arriba, !zas!, la bombilla se (caer) .... al suelo y se (romper) .... en mil pedazos. Después de años y años de trabajo, Edison (tener) .... que fabricar una nueva bombilla. Cuando la (terminar) ...., sorprendentemente (llamar) .... al mismo ayudante y le (dar) .... la nueva bombilla. Esta vez la bombilla no se (romper) .... Gracias a Edison hoy tenemos luz en todo el mundo.

COMPRENDO

1 Relaciona las expresiones.

1. Tener...
2. Comenzar...
3. Crear...
4. Ponerse...
5. Caerse...
6. Romperse...

a. a experimentar
b. al suelo
c. en pedazos
d. la bombilla
e. nervioso
f. una idea

2 Resume con tus palabras la anécdota de Edison y la bombilla.

3 Ahora escucha las anécdotas de María, Pablo y Carlos y escribe las respuestas.

Pista 7

	¿Cuándo	¿Qué pasó?	¿Qué hizo?
María			
Pablo			
Carlos			

PRACTICO Y AMPLÍO

4 CONTAR SUCESOS

A. Marca en el calendario las siguientes expresiones y di qué día es. Luego, escribe en tu cuaderno una frase con cada expresión.

Ayer
Anteayer
El lunes pasado
Hace tres días
El fin de semana pasado
Hace dos semanas

Pista 8

B. Mira las siguientes imágenes y relaciónalas con los verbos. Luego, escucha y ordénalas.

- Comenzar a gritar
- Despertarse
- Quedarse de piedra
- Encender la luz
- Levantarse
- Ir al pasillo

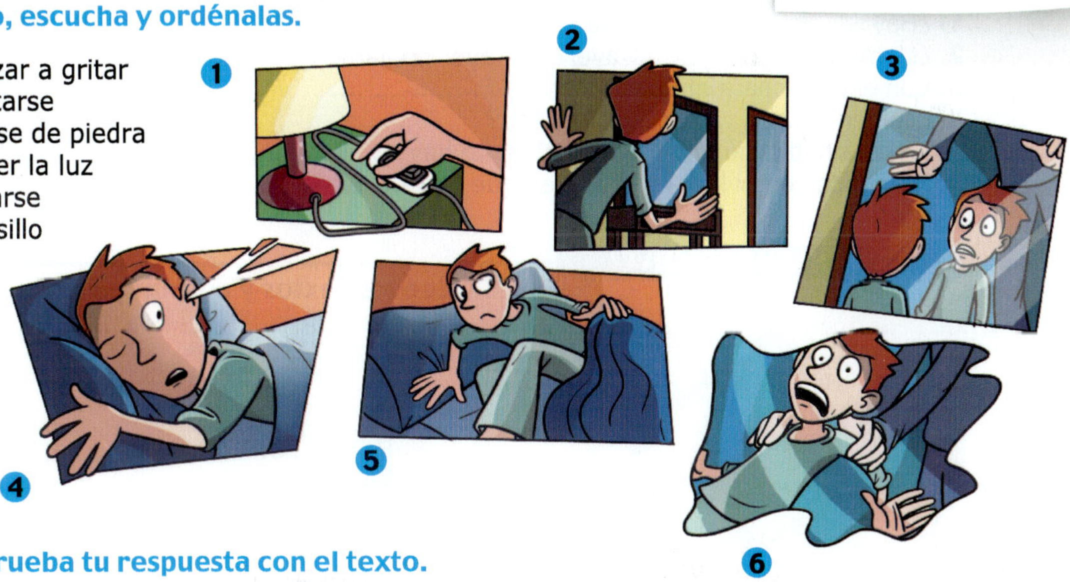

C. Comprueba tu respuesta con el texto.

Hace tres días, me despertó un ruido. Me levanté, encendí la luz y fui al pasillo, pero no vi nada. De repente, me pareció oír algo cerca de un armario, pero cuando me acerqué, no oí nada. En el pasillo, me sorprendió ver luz en el comedor. «¿Hay alguien ahí?», pregunté, pero nadie contestó. De pronto, al pasar frente al espejo, me quedé de piedra y tuve mucho miedo, porque vi la imagen de alguien. Entonces, la imagen vino hacia mí y me agarró para meterme dentro del espejo. Comencé a gritar y… ¡ringgg! ¡Uf! ¡Qué pesadilla! Es la primera vez que me alegro de oír el despertador.

5 LOS INDEFINIDOS

A. Encuentra en el texto anterior estas palabras en negrita. Luego, lee las frases e identifica el significado.

1. Encendí la luz y fui al pasillo, pero no vi **nada**.
   a. Vi una cosa. ☐
   b. No vi una cosa. ☐

2. Me pareció oír **algo**.
   a. Oí un ruido. ☐
   b. No oí ruido. ☐

3. ¿Hay **alguien** ahí?
   a. Hay una persona. ☐
   b. No hay una persona. ☐

4. **Nadie** contestó.
   a. Contestó una persona. ☐
   b. No contestó una persona. ☐

B. Completa la tabla con estos pronombres.

Algo
Alguien
Nada
Nadie

Hablamos de personas	1 persona	0 personas
Hablamos de cosas o ideas sin determinar	**1 cosa**	**0 cosas**

¡Ojo! Recuerda que *nadie* y *nada* van con el verbo en negativo.
*Con este ruido **no** oigo **nada**.*
*Los sábados **no** hay **nadie** en el instituto, porque no hay clases.*

C. Completa las frases con los siguientes pronombres: algo, nada, nadie, alguien.

1. ¿Hay .... en la nevera? No, no hay ....
2. ¿Llamó .... ayer? No, ayer no llamó ....
3. Con esta lámpara no puedo ver ....
4. ¿Tienen .... que decir?
5. En esta habitación no hay muebles, no hay ....
6. No puedo cerrar la lavadora, creo que hay .... dentro.

6 ¿ERES UN BUEN DETECTIVE?

Lee los textos y averigua con tu compañero quién es el culpable.

Ayer, a las once y media de la mañana, robaron en el instituto Gaudí un examen de Matemáticas de la sala de profesores. La profesora de Matemáticas no fue al instituto porque se cayó por las escaleras de su casa y la llevaron al hospital. El director del colegio tiene 3 sospechosos: Inés, Pablo y David. Cree que uno de estos alumnos entró en la sala de profesores y se llevó el examen.

Coartadas de los sospechosos

Inés
Ayer tuve clase de Historia de 10:30 a 11:30. Luego, fui a clase de Matemáticas, pero no vi a nadie, porque la profesora no vino. Entonces decidí ir a la biblioteca a estudiar. Estuve sola.

Pablo
Ayer fue martes. Los martes tengo clase de Química en el laboratorio. Mi clase empieza a las 9:30 y termina a las 11:30. A las 11:30 tuve un descanso y fui a la cafetería para comprar un bocadillo.

David
El martes es un día muy duro, toda la mañana tengo clases. Comencé con la clase de Educación Física. Luego, Inglés y, entonces, Historia a las 10:30. Después de esta clase, estuve en clase de Matemáticas hasta las 12:30.

¿Sabes quién es el culpable? ¿Por qué lo sabes?

ACTÚO

Redacta una noticia

7 **Las noticias de los periódicos**

A. **Fíjate en estas noticias reales y muy curiosas.**

1 Un niño mexicano condujo el metro en Ciudad de México.

2 **En Madrid, un ladrón entró a robar en una casa y se quedó dormido en el sofá.**

3 **Un perro se comió 1000 dólares de sus dueños en Estados Unidos.**

B. **Completa el cuadro con la información.**

¿Quién	¿Dónde?	¿Qué pasó?

Para redactar una noticia necesitamos responder a las 6 preguntas del periodismo:

• ¿Qué? • ¿Quién? • ¿Cómo? • ¿Cuándo? • ¿Dónde? • ¿Por qué?

⚠ **Ojo, recuerda que siempre llevan tilde.**

C. **Lee la siguiente noticia. ¿A qué titular de la actividad anterior corresponde? Responde a las 6 preguntas del periodismo.**

El año pasado una pareja de Florida creyó que alguien entró en casa para robar dinero cuando desaparecieron los 1000 dólares de la mesa del comedor. Cuando entraron a buscar el dinero, vieron trozos rotos de billetes por el suelo. Se asustaron y llamaron a la policía, pero al final, descubrieron al culpable del robo: Tuity, su perro, que lo llevaron al veterinario y le dieron un medicamento para hacerle vomitar. La pareja recuperó 900 dólares, los otros cien se quedaron para siempre en el estómago de Tuity.

CÓDIGO <P>

El periodista eres tú

Redacta con tres compañeros una noticia curiosa. No olvides poner titular y responder a las 6 preguntas del periodismo.

Preparo mi examen

LEO Lee el texto y complétalo con estos verbos en pretérito perfecto simple.

comenzar – comer – convertir - decidir – encontrar – enfadar – gustar – hacer – inventar – ir – poner – probar – ser – utilizar – viajar

Seguro que comes patatas muy a menudo, ¿pero sabes de dónde viene la patata?
En 1532, los españoles .... a Perú en busca de oro, pero .... un tesoro mucho más valioso: la patata o papa. Y poco después, en 1560, llegó a España y de ahí .... por toda Europa. Al principio, los españoles las .... como un adorno exótico e incluso se .... de moda dar patatas como regalo. Dicen que .... los italianos los primeros que .... patatas. Poco a poco otros países .... a consumirlas y en los siglos XIX y XX las patatas se .... en un alimento mundial. Hoy es tan famosa que uno de los platos típicos españoles es la tortilla de patata o tortilla española, pero fue en Estados Unidos donde se .... las populares patatas fritas de bolsa o chips. En 1853, un cocinero de New York, George Crum, se .... con un cliente y .... darle de comer unas patatas muy, muy finas, casi transparentes. Sin embargo, cuando el cliente las ...., le .... mucho y se .... famosas en la ciudad. Hoy, más de 150 años después, las patatas son el aperitivo más famoso del mundo.

ESCUCHO Dos compañeras de clase hablan de sus anécdotas. Escucha y completa la tabla.

Pista 9

¿Quién?	¿Dónde?	¿Cuándo?	¿Qué pasó?

ESCRIBO Escribe en pasado la biografía de Gino Tubaro, un joven inventor.

Nace en Buenos Aires, Argentina, en 1995.
A los 6 años, comienza a inventar y crea el *Blipper*: un frasco para guardar bolas.
Su madre se da cuenta de su inteligencia y le lleva a estudiar a una escuela de inventores donde crea muchos inventos.
Uno de sus inventos más importantes es un interruptor para apagar y encender la luz con el calor de la mano.
A los 13 años, recibe un premio por sus inventos y es reconocido el inventor más joven de Latinoamérica.
En 2011, investiga formas para producir energía limpia e inventa una pila para obtener energía de la tierra.

HABLO Por turnos, tenéis que describir los siguientes objetos: habla de su forma, material y para qué sirven. Tu compañero adivina qué es.

1

2

3

4

5

6

Explica tus mejores experiencias

Unidad 3

En esta unidad aprendes a...

- **Hablar de tus vacaciones.**
- **Contar acciones pasadas.**
- **Relatar.**
- **Describir deportes y actividades de riesgo.**
- **Escribir un correo electrónico sobre tus vacaciones.**

Lección

5 ¿Qué has hecho estas vacaciones?

Hemos tenido puente

Pista 10

Sebas: ¡Qué fin de semana tan largo, el sábado, el domingo, puente y martes de fiesta! ¿Dónde has estado estos cuatro días, Nico?
Nico: Yo he ido a un campamento ecológico en Málaga.
Sebas: ¡Suena bien! ¿Qué has hecho allí?
Nico: He aprendido a hacer productos ecológicos, a cuidar un huerto. También hemos aprendido mucho sobre reciclaje y plantas, pero de una forma muy práctica.
Sebas: Y tú, Lola, ¿qué has hecho?
Lola: Pues yo he estado en la playa.
Sebas: ¡Qué bien! ¿Y qué deportes has practicado?
Lola: Ha sido genial. Hemos aprendido a hacer surf y submarinismo.
Nico: ¡Qué divertido! Y tú, Sebas, ¿dónde has pasado el puente?
Sebas: Me he quedado en la ciudad.
Lola: ¡Qué pena! ¿Te has aburrido mucho?
Sebas: ¡Qué va!, me he pasado todo el día en la piscina de mis primos, he escrito correos a mis amigos y he visto un montón de películas.

COMPRENDO

1 Relaciona las imágenes con las personas.

a

b

c

d

e

f

2 Indica quién ha hecho estas acciones.

Quién...	Nico	Sebas	Lola
Ha estado en la playa.			
Ha aprendido cosas sobre la naturaleza.			
Se ha quedado en su casa.			
Ha practicado deportes.			
Ha estado con la familia.			

3 Marca todos los verbos que están en pasado. Es un nuevo tiempo verbal que se llama **pretérito perfecto compuesto**. Indica el infinitivo de cada verbo.

has estado: ESTAR

4 ¿Sabes ahora qué es un **puente**? Marca uno en el calendario.

OCTUBRE						
L	M	X	J	V	S	D
				1	2	3
4	5	6	7	8	9	10
11	12	13	14	15	16	17
18	19	20	21	22	23	24
25	26	27	28	29	30	31

PRACTICO Y AMPLÍO

5 HABLAR DE LAS ACCIONES

A. Lee los ejemplos y completa el uso.

Uso del pretérito perfecto compuesto:

Número ......: Para hablar de cosas realizadas en un pasado cercano o no terminado.

Número ......: Para hablar de experiencias.

PRETÉRITO PERFECTO COMPUESTO

	El verbo haber	+ el participio
(yo)	he	
(tú, vos)	has	
(él, ella, usted)	ha	viajado
(nosotros, nosotras)	hemos	leído
(vosotros, vosotras)	habéis	salido
(ellos, ellas, ustedes)	han	

B. Completa la tabla con los participios irregulares.

hecho - visto - puesto - abierto - vuelto - dicho - escrito - roto

Participios irregulares	
abrir	
poner	
decir	
romper	
ver	
escribir	
volver	
hacer	

Pista 11

C. Escucha a estos chicos y descubre en qué país han estado de vacaciones.

1. Ha ido a...
2. ....
3. ....
4. ....

D. Ahora, completa con los verbos para saber qué ha hecho Lola estas vacaciones.

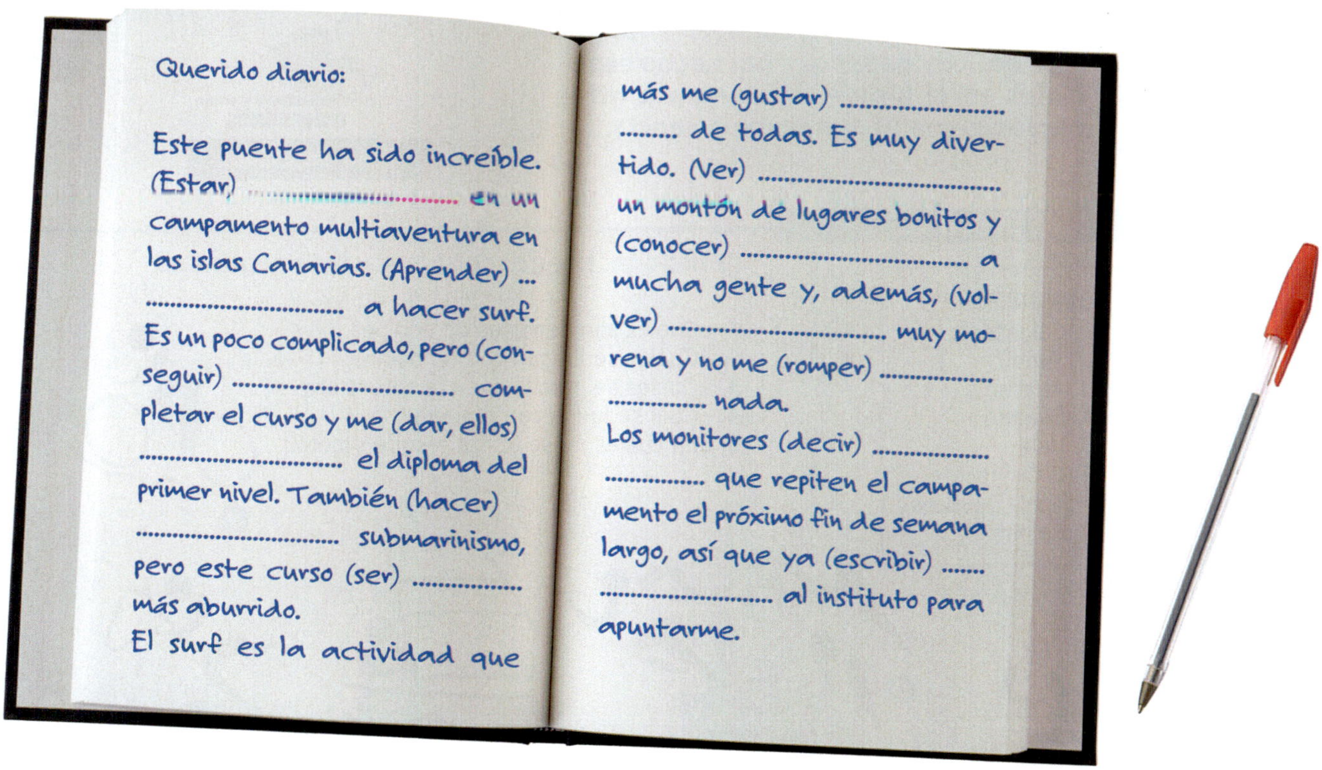

PRACTICO Y AMPLÍO

Pista 12

E. Escucha lo que ha hecho hoy Nico y ordena las acciones en la agenda.

Levantarse
Hacer los deberes
Tomar el autocar
Desayunar
Visitar el centro de interpretación
Bañarse en el río
Recoger plantas
Hacer un *picnic*
Regresar a casa

6 «NUNCA» Y «TAMPOCO»

A. Compara las experiencias de Nico y las de Lola.

NICO
- ✗ Hacer *kitesurfing*
- ✗ Comer un insecto
- ✓ Ver películas de miedo
- ✓ Viajar al extranjero
- ✓ Suspender
- ✗ Subir a un avión

LOLA
- ✓ Hacer *kitesurfing*
- ✗ Comer un insecto
- ✓ Ver películas de miedo
- ✗ Viajar al extranjero
- ✗ Suspender
- ✓ Subir a un avión

Ej: Nico nunca ha hecho *kitesurfing*, pero Lola sí. Yo tampoco lo he hecho, pero quiero hacerlo.

B. Escribe actividades que has hecho especiales en el blog y encuentra a otras personas con tu misma experiencia.

Extensión digital
www.edelsa
Zona estudiante

Participa en la comunidad de Código ELE
B L O G
Publica tus experiencias en el blog.

7 OTROS DEPORTES

Relaciona. Luego, contesta a las preguntas.

DEPORTES
1. Baloncesto
2. Yudo
3. Atletismo
4. Equitación
5. Vela
6. Ciclismo
7. Tenis de mesa
8. Balonmano

1. ¿Cuáles son deportes de equipo?
2. ¿Cuáles se juegan con un balón?
3. ¿Cuáles se practican en la naturaleza?
4. ¿Cuál se juega con raqueta?
5. ¿En cuáles no se utiliza ningún objeto?

e

g

a

b

c

d

f

h

ACTÚO

Narra tus experiencias

8 **Los deportes de riesgo**

A. Responde a las preguntas.

1. ¿Te gustan los deportes de riesgo? **2.** ¿Has practicado alguno? **3.** ¿Cuál de los siguientes te gusta más?

B. Lee las definiciones y relaciónalas con el nombre y la imagen.

1. Es una actividad deportiva que consiste en ir por ríos, normalmente rápidos.
2. En este deporte se usa un esquí y una cometa para ir sobre el mar.
3. Es un deporte difícil en el que hay que bajar barrancos.
4. En esta actividad hay que lanzarse desde un puente con una cuerda elástica atada a los pies.
5. En este deporte hay que escalar montañas muy altas y peligrosas. Por eso se utiliza un equipo de protección.

El *kitesurfing* ☐

El *rafting* ☐

El *puenting* ☐

El alpinismo ☐

El barranquismo ☐

C. ¿Conoces a Gisela Pulido? Lee el texto.

Con solo 10 años, Gisela Pulido (Premià de Mar, 1994) fue la campeona más joven del mundo y, hasta ahora, ha sido ya ocho veces campeona mundial de *kitesurfing*. Ha entrenado duro para conseguir tener 3 récords Guinness. Cada tarde, al salir del instituto –estudia 2.º de Bachillerato–, pasa dos horas y media en el mar practicando para participar en los mejores campeonatos internacionales. El vivir en un mundo de adultos, entre periodistas, patrocinadores y eventos, le ha hecho madurar con rapidez. «He conocido muchas culturas, niños pobres, niños ricos. Viajar es lo que me ha hecho madurar más deprisa que a los demás niños de mi edad; aunque, en el fondo, sigo siendo una niña». Afortunadamente, el éxito no ha cambiado a Gisela.

Extraído y adaptado de www.elpais.com

D. Ahora, responde a las preguntas.

1. ¿Qué edad tiene actualmente Gisela?
2. ¿Cuántas veces ha ganado un campeonato mundial?
3. ¿Cuándo entrena?
4. ¿Por qué ha madurado tan rápido? Busca dos motivos.
5. ¿Es una persona arrogante?

CÓDIGO <d>

Descubre experiencias

Ahora vas a entrevistar a dos compañeros sobre sus experiencias personales.

¿Has probado la comida japonesa?
Pues sí.
¿Y has practicado...?

Puedes utilizar
Todavía no/aún no
Ya
Nunca/jamás

Lección

6 Jóvenes viajeros

Un correo de Isabel

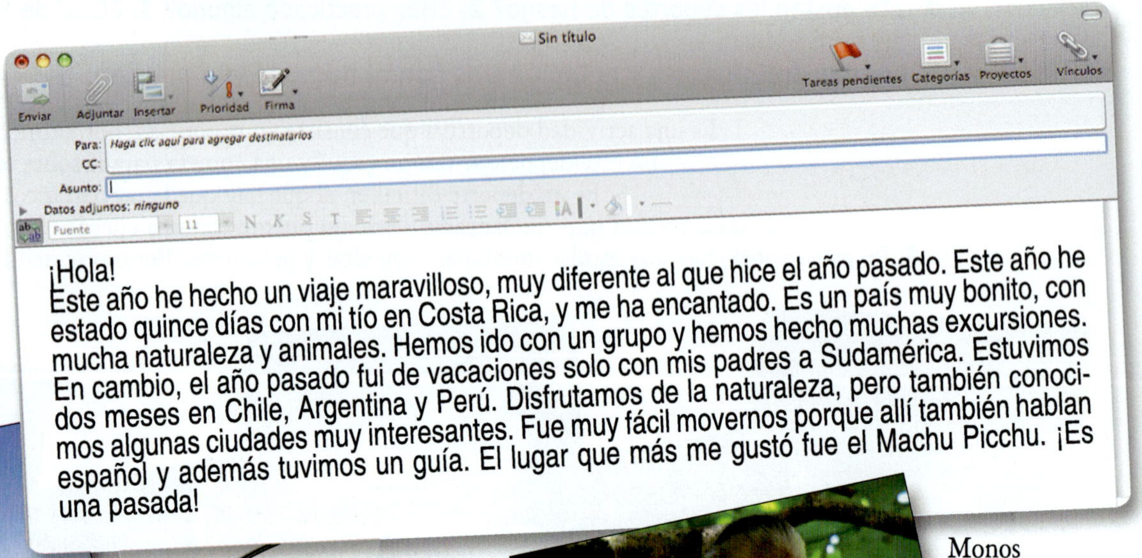

¡Hola!
Este año he hecho un viaje maravilloso, muy diferente al que hice el año pasado. Este año he estado quince días con mi tío en Costa Rica, y me ha encantado. Es un país muy bonito, con mucha naturaleza y animales. Hemos ido con un grupo y hemos hecho muchas excursiones. En cambio, el año pasado fui de vacaciones solo con mis padres a Sudamérica. Estuvimos dos meses en Chile, Argentina y Perú. Disfrutamos de la naturaleza, pero también conocimos algunas ciudades muy interesantes. Fue muy fácil movernos porque allí también hablan español y además tuvimos un guía. El lugar que más me gustó fue el Machu Picchu. ¡Es una pasada!

Playa caribeña

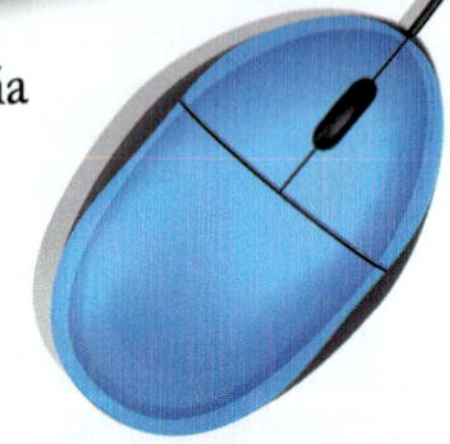

Monos

Volcán

COMPRENDO

1 **¿Verdadero o falso?**

	V	F
1. Isabel ha viajado sola a Costa Rica.	☐	☐
2. En Costa Rica se pueden hacer muchas excursiones.	☐	☐
3. Viajar con guía fue más difícil.	☐	☐
4. El viaje a Sudamérica fue más variado.	☐	☐
5. El viaje a Sudamérica fue más largo.	☐	☐
6. El lugar que más le impresionó fue el Machu Picchu.	☐	☐

2 **Subraya los verbos que aparecen en pretérito perfecto simple y rodea los que aparecen en pretérito perfecto compuesto. Fíjate cuándo ha ocurrido la acción.**

Este año he hecho/El año pasado hice...

PRACTICO Y AMPLÍO

3 LAS ACTIVIDADES PASADAS

A. Clasifica las expresiones temporales.

- Hoy
- La semana pasada
- Hace unos días
- En 2005
- Esta semana
- El año pasado
- El miércoles
- Anteayer
- Ayer
- Hace un rato
- Este mes
- Nunca

Pretérito perfecto simple	Pretérito perfecto compuesto

B. Completa con la forma verbal adecuada.

1. Este año no (venir) .... los estudiantes franceses de intercambio. El año pasado (venir) .... diez chicos de un instituto de París.
2. Este fin de semana (ser) .... divertido. El viernes (ver) .... la última película de Harry Potter y el sábado (ir) .... al centro comercial con mis amigos.
3. Esta semana no (tener) .... clase de Matemáticas hasta el jueves, pero el viernes (venir) .... el profesor.
4. Siempre (estudiar) .... mucho para sacar buenas notas. Nunca (suspender) ....
5. En 2012 (estar) .... en un campamento de verano, pero este año no (ir) .... a ningún lado.

C. Mira lo que ha hecho Isabel hoy, y lo que hizo ayer, y forma 5 frases.

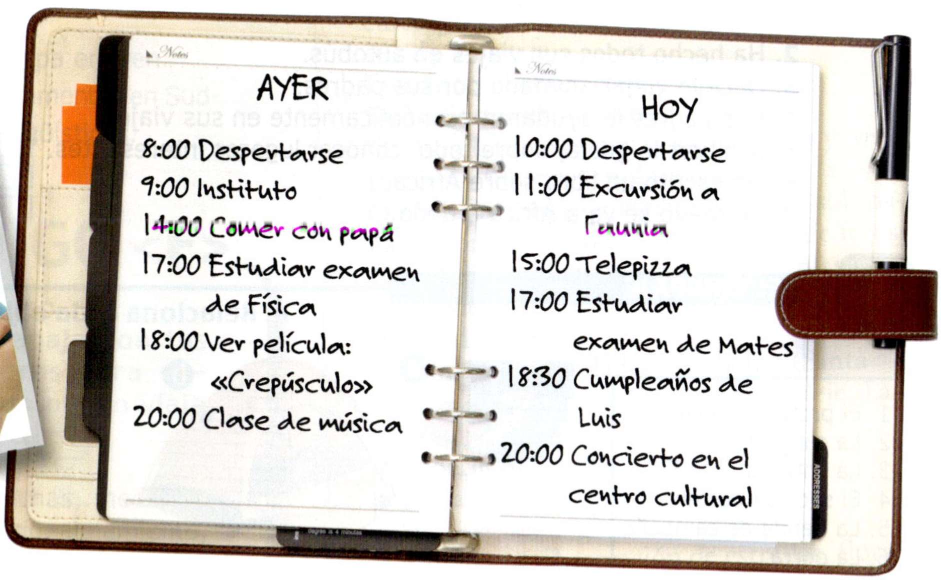

1. Hoy ha tenido un día muy ocupado, y ayer también tuvo un día muy activo.
2. ....
3. ....
4. ....
5. ....
6. ....

Preparo mi examen

LEO Lee el texto y complétalo con los verbos en pretérito perfecto compuesto.

despertarse – ducharse – escribir – llevar – pedir – poder – poner – romper – salir – ser – tener – ver

Querido diario:
Hoy .... un día increíble, increíble y extraño. .... muy temprano. .... y .... para el instituto. La profesora de Historia .... un examen sorpresa y no .... mucho, claro. Después .... clase de Educación Física, y, qué mala suerte, me .... el brazo. Mi madre me .... al hospital y allí (nosotros) .... a Messi. Increíble, pero cierto. Le .... un autógrafo, pero no .... hablar con él porque estaba muy nervioso. Es mi ídolo.

ESCUCHO Escucha la conversación y responde.

Pista 15

1. ¿Dónde han estado?
   ☐ En Andalucía. ☐ En Francia. ☐ En el norte de España.
2. ¿Cómo han ido?
   ☐ En autobús. ☐ En coche. ☐ En tren.
3. ¿Qué han hecho?
   ☐ Han visitado varios monumentos y museos. ☐ Han pasado mucho tiempo en la playa. ☐ Han hecho muchas compras.
4. ¿Con quién han ido?
   ☐ Con dos padres. ☐ Con tres profesores. ☐ Con dos profesores y un padre.
5. ¿Cuánto tiempo han estado de viaje?
   ☐ Una semana. ☐ Diez días. ☐ Seis días.

ESCRIBO Escribe una carta a un amigo sobre tu último viaje. No olvides incluir:

- ¿Dónde fuiste?
- ¿Cuánto tiempo estuviste? ¿Con quién?
- ¿Qué lugares interesantes conociste?
- ¿Qué compraste?

HABLO Mira el horario de Sebastián y cuenta lo que ha hecho esta semana. Compáralo con tus actividades.

	Sábado	Domingo
8:00	Despertarse	
9:00	Partido de fútbol	Despertarse
10:00		Excursión al Museo de Ciencias
11:00		
12:30		
14:30	Comida en casa de los abuelos	Comida con mis padres
15:30		
17:00	Cine con amigos	Jugar a la Wii con Luis
18:00		Hacer los deberes
20:00	Cena en restaurante italiano con los primos	

Háblanos de tu infancia

Unidad 4

En esta unidad aprendes a...

- Expresar tus gustos musicales.
- Describir el pasado.
- Contar acciones habituales pasadas.
- Narrar una broma.
- Contar un cuento.

Lección **7**

Antes y ahora

El mundo de la música ayer y hoy

Responde a las preguntas.

- ¿Conoces estos estilos de música? ¿Te gustan? ¿Conoces otros estilos?
- ¿Cuál es tu cantante o grupo preferido? ¿Por qué te gusta?
- ¿Qué opinas de estos estilos de música? Asocia cada uno con un adjetivo y formula una frase.

Antes no existían ni Facebook ni Twitter, la gente no sabía tantas cosas sobre la vida personal de los músicos como ahora. Cuando te gustaba un cantante o un grupo, escuchabas sus canciones en la radio o comprabas el disco en una tienda. Antes nadie podía ver vídeos de Internet. Cuando había concierto, te ponías una camiseta de tu cantante o grupo favorito y, con mucha suerte, conseguías un autógrafo. Yo creo que había menos grupos y cantantes, en cambio hoy aparecen grupos y cantantes nuevos todo el tiempo. Además, ahora escuchamos música de todas las partes del mundo y, con las nuevas tecnologías, es muy fácil estar al día.

COMPRENDO

1 **1. Relaciona el pasado con el presente.**

1. No existían ni Facebook ni Twitter.
2. La gente no sabía tantas cosas de los famosos.
3. Se escuchaban las canciones solo en la radio o si te comprabas un disco.
4. Con mucha suerte, conseguías un autógrafo.
5. Había pocos grupos y artistas.

a. Consigues un autógrafo en Facebook si quieres.
b. Existen muchos tipos de redes sociales.
c. La vida de los famosos es pública en las redes sociales.
d. Hay más cantantes y grupos.
e. Puedes comprar canciones en Internet, escucharlas en MP3, ver vídeos en YouTube...

2 **Busca las 7 palabras sobre la música en el texto y cópialas en tu cuaderno.**

PRACTICO Y AMPLÍO

3 EL PRETÉRITO IMPERFECTO

A. Observa y completa la forma del imperfecto regular e irregular.

	Habl-ar	Nac-er	Viv-ir
(yo)	....	nacía	....
(tú, vos)	....	nacías	vivías
(él, ella, usted)	hablaba	....	vivía
(nosotros, nosotras)	hablábamos	nacíamos	....
(vosotros, vosotras)	hablabais	....	vivíais
(ellos, ellas, ustedes)	....	nacían	vivían

	Ser	Ir	Ver
(yo)	....	iba	....
(tú, vos)	....	ibas	veías
(él, ella, usted)	era	....	veía
(nosotros, nosotras)	éramos	íbamos	....
(vosotros, vosotras)	erais	....	veíais
(ellos, ellas, ustedes)	....	iban	....

El pretérito imperfecto se utiliza para:
- describir en el pasado.
- hablar de acciones habituales en el pasado.

B. Esto es lo que ocurre hoy en el mundo de la música. ¿Qué cosas crees que no ocurrían hace 15 años? Transforma las frases.

- Los cantantes usan Facebook y Twitter para comunicarse con sus fans.
- Los fans piden autógrafos.
- Los grupos y cantantes hacen giras de conciertos.
- Los fans compran camisetas.
- La gente escucha música en el MP3.
- La gente compra la música de su grupo favor en Internet.
- Los grupos graban videoclips.

C. ¿Sabes si existían los siguientes objetos hace 20 años?

- radiocasete
- *walkman*
- casete
- MP4
- CD
- iPad
- tocadiscos
- móvil
- *YouTube*

4 HABLAR DE LA INFANCIA

A. Observa estas fotos de cantantes famosos de niños y ahora, y encuentra una diferencia en cada uno.

Antes

Ahora

Enrique Iglesias

Antes

Ahora

Shakira

Antes

Ahora

Ricky Martin

Antes
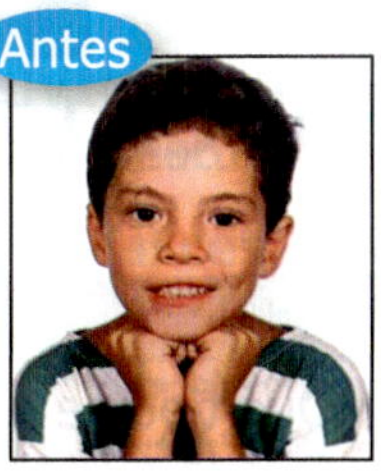
Ahora

David Bisbal

PRACTICO Y AMPLÍO

4 HABLAR DEL TIEMPO

A. Observa e indica el tiempo que hizo ayer.

Hace { bueno / frío / viento	Hay { nubes / tormenta	Está { soleado / nublado	Llueve / Nieva

B. Lee las frases y adivina el tiempo que hacía ese día.

- El lunes tomé el paraguas antes de salir de casa.
- El martes llevaba un abrigo y bufanda cuando salí a la calle.
- El miércoles me puse los guantes e hice un muñeco con mis amigos.
- El jueves me puse una camiseta de manga corta.
- El viernes no se veía nada por la mañana.
- El sábado todos los papeles se volaron de la mesa.
- El domingo me fui a la playa.

C. Ahora con tu compañero piensa el tiempo que hizo la semana pasada y completa la tabla.

lunes	martes	miércoles	jueves	viernes

ACTÚO

Escribe tu propio relato

5 **¿Cuáles son los componentes de una historia?**

A. Relaciona las dos columnas.

1. PERSONAJES	a. Voz que cuenta la historia.
2. NARRADOR	b. Periodo en el que se desarrolla la acción.
3. TIEMPO	c. Se describe el escenario donde suceden los hechos.
4. LUGAR	d. Hechos de la historia.
5. SUCESOS	e. Pueden ser protagonistas o secundarios.

Participa en la comunidad de Código ELE BLOG

Recomienda una lectura.

B. ¿Cuál es tu cuento o libro preferido? Rellena la ficha y cuéntaselo a tu compañero. Luego, copia la ficha en tu cuaderno y complétala con la información de tu compañero.

¿Quién era el personaje principal? ....

¿Había otros personajes? ....

¿Dónde ocurría la historia? ....

¿En qué época ocurría? ....

¿Qué sucedió? ....

¿Por qué te gusta? ....

Extensión digital

www.edelsa

Zona estudiante

CÓDIGO <r>

Tus relatos

Tira cinco veces un dado para elegir los cinco componentes del cuento o elige otros para escribir una historia en parejas. Usa los pasados. Luego, léela en clase.

	Protagonista	Lugar	Tiempo	Suceso principal	Otro personaje
⚀	Un perro	Una isla desierta	Edad Media	Encuentra una lámpara mágica	Su tío
⚁	Obama	El desierto	En 2050	Recibe una carta	El profe de Mates
⚂	Michael Jackson	Una playa española	Durante las vacaciones	Se comete un asesinato	Un conductor de autobús
⚃	Caperucita Roja	Nueva York	Hace 50 años	Se casa con un príncipe azul	Tu vecina
⚄	Shakira	El Caribe	Navidad	Encuentra un millón de euros	Un cantante famoso
⚅	Harry Potter	Japón	En la prehistoria	Repite curso	Un futbolista

EDUCACIÓN PARA LA CIUDADANÍA

Los derechos de los ancianos

Las personas mayores tienen los mismos derechos que los adultos y jóvenes.

1 Lee este cuento de los hermanos Grimm.

Era un pobre muy viejo que no veía, ni oía muy bien y le temblaban las rodillas. Cuando se sentaba a la mesa para comer, sostenía con dificultad su cuchara, dejaba caer el vaso en el mantel y, algunas veces, se le escapaba la baba. La mujer de su hijo y su mismo hijo se enfadaban con él a menudo. Un día, lo pusieron en un rincón de una habitación. Allí le llevaban un poco de comida en un plato viejo de barro. El anciano lloraba con frecuencia y miraba con tristeza hacia la mesa. Unos días después, se cayó al suelo y se rompió el plato. Su nuera le gritó insultos. El pobre anciano no se atrevió a responder y bajó la cabeza suspirando. Su hijo y su nuera compraron un cuenco de madera en el que decidieron darle de comer de allí en adelante.

Algunos días más tarde, su hijo y su nuera vieron a su propio hijo muy ocupado en reunir algunos pedazos de madera.

-¿Qué haces? -le preguntó el padre.

-Un cuenco -le contestó-, para daros de comer más tarde, como vosotros le dais al abuelo.

El marido y la mujer se miraron por un momento sin decirse una palabra. Después, se pusieron a llorar. Volvieron a poner al abuelo a la mesa y comió siempre con ellos y lo trataron con mucha amabilidad.

Adaptado de *El abuelo y el nieto*

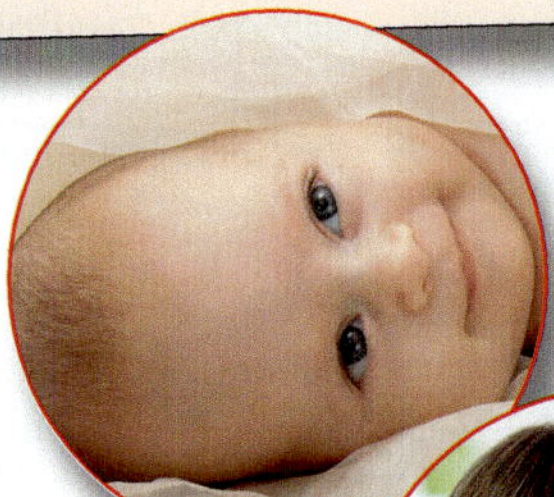

2 Responde a las preguntas.

1. ¿Qué problemas físicos tiene el anciano?
2. ¿Crees que su hijo y su nuera lo tratan bien? ¿Qué hacen?
3. ¿Qué decisión toman?
4. ¿Qué ejemplo dan a su propio hijo?
5. ¿Por qué sientan de nuevo a la mesa al abuelo?

3 Explica tu experiencia.

1. ¿Qué habilidades ves que no tiene ya tu abuelo/a?
2. ¿Qué haces para ayudarle?

4 Lee estas frases. ¿Tú qué opinas?

«Un día tú también serás mayor».

«Muchas de las habilidades y capacidades de los mayores se van limitando con la edad, pero la experiencia, los valores, los conocimientos y enseñanzas que tienen para nosotros no tienen límites».

«Si hay algo que ennoblece a la juventud, es el respeto a los ancianos». (José Martí)

5 Ahora te toca a ti. ¿Qué puedes hacer?

1. Ponte en su lugar.
2. Exprésales cariño.

Recibe y da consejos

Unidad 5

En esta unidad aprendes a...

- Dar recomendaciones y consejos.
- Mencionar las asignaturas y las profesiones.
- Conocer y describir los estilos de aprendizaje y las inteligencias múltiples.
- Hablar de las partes del cuerpo.
- Describir los síntomas, las enfermedades y los remedios.
- Expresar dolor y malestar.

Lección **9**

Una profesión de futuro

Unos jóvenes únicos

Muchos jóvenes tienen muchas buenas ideas y son muy creativos. Aquí tienes algunos ejemplos de jóvenes profesionales.

Jóvenes & futuro

Carla Marrero, 13 años.
Carla es española y vive en Albacete. Le encanta la música en general y el instrumento que más le gusta es el violín. Lo toca desde los dos años y ahora lo toca en el instituto, pero a veces también en orquestas y festivales internacionales. Ya ha dado conciertos en el Teatro Real. Sus asignaturas favoritas son: Informática, Educación Física, Lengua, Literatura, Historia y, por supuesto, Música. En el futuro, quiere ser una violinista famosa y viajar por todo el mundo.

Jorge Izquierdo, 16 años.
Jorge vive en Madrid y, a los 14 años, creó una aplicación *app* para avisar en casa si llegas tarde. Hoy ya es programador de teléfonos móviles para una importante empresa de tecnología. Además de la informática, le encantan las Matemáticas y las ciencias en general, pero también le gusta mucho la Lengua y escribir para su blog. En el futuro, quiere ser ingeniero de telecomunicaciones, informático para una gran empresa o escritor para revistas sobre informática.

Andrew Almazán, 12 años.
Es mexicano y está en un programa para niños muy inteligentes. El curso pasado terminó el bachillerato y ahora estudia en la universidad Medicina y Psicología, porque, en el futuro, quiere ser médico cirujano o psicólogo para curar y ayudar a las personas enfermas. Sus asignaturas favoritas son: Matemáticas, Biología, Física y Química. También le gusta practicar artes marciales y *hockey* sobre hielo, y salir con sus amigos.

Comprendo

1 ¿Con cuál de estas tres fotos relacionas a Andrew, Jorge y Carla?

a

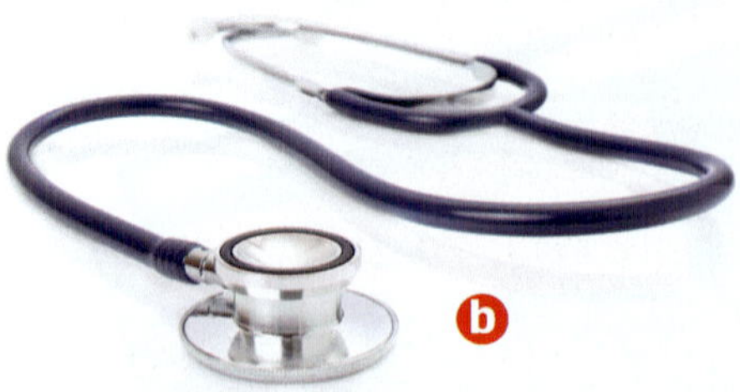
b

c

2 Completa la tabla con la información sobre Andrew, Jorge y Carla.

NOMBRE	EDAD	PAÍS	ASIGNATURAS PREFERIDAS	PASATIEMPOS PREFERIDOS	PROFESIÓN EN EL FUTURO
ANDREW					
JORGE					
CARLA					

PRACTICO Y AMPLÍO

3 EL GÉNERO: LAS PROFESIONES

A. Observa y escribe en femenino o masculino las profesiones que corresponden a estas imágenes.

abogado/a – actor/actriz – arquitecto/a – artista – bombero/a – cirujano/a – cocinero/a – constructor/a – dentista – dependiente/a – electricista – escritor/a – estudiante – farmacéutico/a – informático/a – mecánico/a – médico/a – modelo – músico – periodista – piloto – policía – profesor/a – psicólogo/a – veterinario/a

B. Completa las reglas con el género de las profesiones.

1. Normalmente, cuando la profesión masculina termina en -o o en -e, el femenino es en ....
   El psicólogo → La psicóloga El dependiente → La dependienta
   - Pero algunas profesiones solo cambian el ....
     El piloto → La piloto El modelo → La modelo El estudiante → La estudiante
2. Cuando la profesión termina en ...., solo cambia el artículo.
   El artista → La artista El dentista → La dentista
3. Cuando la profesión masculina termina en consonante, se añade una ....
   El escritor → La escritora El diseñador → La diseñadora
   - Pero algunas profesiones cambian la terminación -or por ....
     El actor → La actriz
4. Cuando la profesión termina en vocal, para el plural se añade una ....
   El farmacéutico → Los farmacéuticos La dependienta → Las dependientas
5. Cuando la profesión termina en consonante, para el plural se añade ....
   El doctor → Los doctores El profesor → Los profesores

C. Ya conoces muchas profesiones. Clasifica todas las que conoces según sus sufijos.

-ERO/A	-OR/A	-ISTA	-ANTE

Las palabras que designan profesiones suelen terminar con un sufijo:
-ERO/A -ISTA -ANTE -OR/A

PRACTICO Y AMPLÍO

4 EXPRESAR NECESIDAD

A. Asocia los verbos y la información con las profesiones y forma frases como en el ejemplo. ¿Qué hace cada profesional?

1. actuar
2. apagar
3. arreglar
4. cocinar
5. conducir
6. cuidar
7. curar y cuidar
8. defender
9. enseñar
10. escribir y publicar
11. hacer terapias
12. informar
13. instalar
14. programar
15. tocar
16. vender y preparar

a. a las personas enfermas
b. a sus alumnos
c. a sus clientes en juicios
d. aviones
e. cables de electricidad
f. coches averiados
g. de las noticias del día
h. en películas y teatros
i. fuegos e incendios
j. instrumentos
k. la comida
l. los animales y mascotas
m. medicinas
n. novelas, poemas y dramas
ñ. ordenadores
o. psicológicas

Pista 19

B. Lee las frases y complétalas con estas profesiones. Luego escucha, ¿tienes las mismas respuestas?

1. Para ser un buen .... es importante conocer bien el cuerpo humano y tener buen trato con las personas.
2. Para ser .... es importante saber tocar bien un instrumento, saber mucha música y ser creativo.
3. Para ser .... es importante ser habilidoso con las manos, ser prudente y estudiar bien la electricidad.
4. Para ser .... es importante ser tranquilo, escuchar a los demás, tener buenas relaciones interpersonales y estudiar mucho.
5. Para ser un buen .... es importante leer mucho, estudiar Lengua y Literatura. También es bueno si te gusta estar solo y la tranquilidad.

C. Escribe tú dos frases y tus compañeros adivinan la profesión.

ACTÚO

Descubro mi profesión adecuada

5 Tu tipo de inteligencia

Según la teoría de las inteligencias múltiples todos aprendemos de forma diferente y, por eso, muchas veces somos mejores en algunas asignaturas o profesiones. Lee el texto y responde a las preguntas.

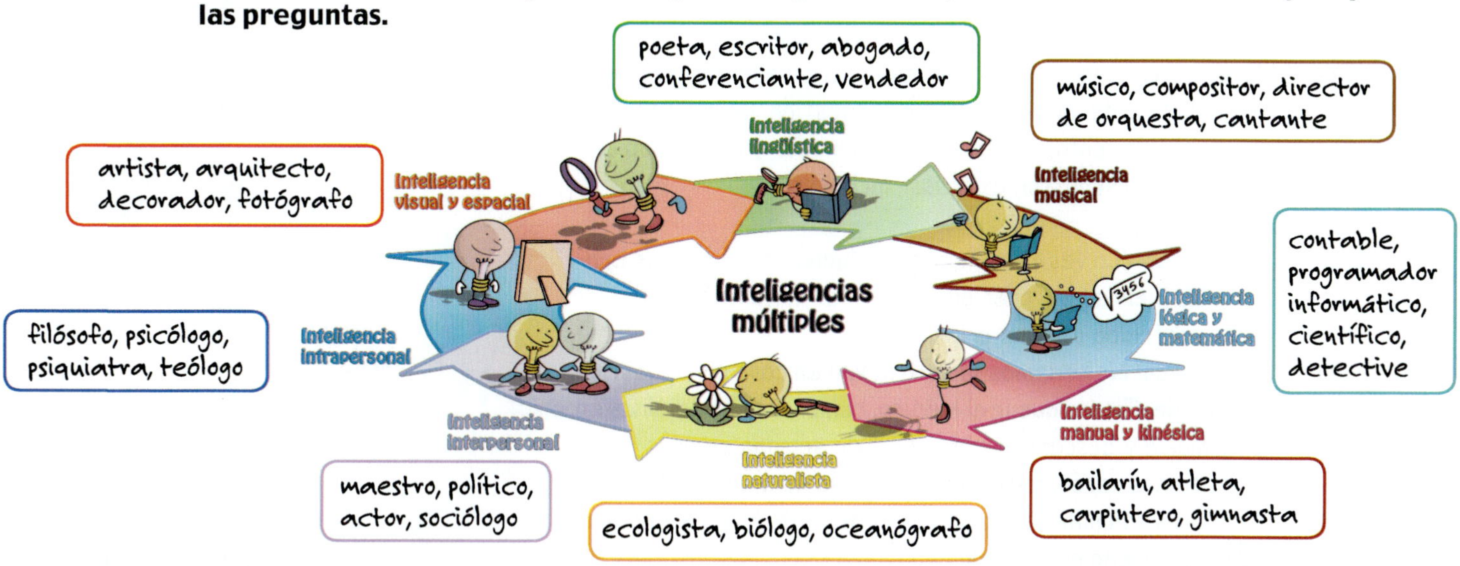

1. Busca en el diccionario las profesiones nuevas del texto que no conozcas.
2. ¿A qué categoría o categorías de inteligencias múltiples crees que perteneces?, ¿por qué?

   ....

   ....
3. ¿Qué quieres ser en el futuro?, ¿por qué?

   ....

   ....

6 Tus preferencias

Seguramente te gustan unas asignaturas más que otras, ¿verdad?
Crea tu horario perfecto de clase y después compáralo con tus compañeros. Según vuestras preferencias, ¿qué profesión queréis tener?

HORARIO DE CLASE

HORA	LUNES	MARTES	MIÉRCOLES	JUEVES	VIERNES

CÓDIGO <b>

Un buen profesional

Escribe qué estudios son importantes y qué características tienes que tener para ser buen profesional de tu profesión ideal.

Lección

10 Los profesionales de la medicina

¿Qué te pasa?

Pista 20

Isabel: ¡Qué mala cara tienes, Nico! ¿Qué te pasa?

Nico: No sé, me encuentro fatal. Me duelen la cabeza y la garganta, tengo fiebre, tengo tos y mucha congestión. ¡Mira! Tengo la nariz roja de tanto estornudar, estornudar y estornuda-a-aaa-rrrrrr... ¡Achússs!, ¡achússs!, ¡achússs!

Isabel: ¡Jesús!

Nico: Ay, gracias. ¿Lo ves? Y también me duelen los oídos, los brazos y las piernas. Yo creo que estoy bastante enfermo: o estoy resfriado o tengo gripe.

Isabel: ¡Pobre Nico! No podemos jugar a la Wii en casa de Sebastián esta tarde. Tienes que ir al médico, comprar las medicinas en la farmacia y descansar todo el fin de semana en casa.

Nico: Sí, sí, tienes razón. Esta tarde me lleva mi madre al médico.

Isabel: ¡Ah! Pues yo también tengo que ir al dentista hoy. Desde ayer me duele mucho esta muela.

Nico: ¡Uff!, ¡qué dolor, Isabel! Pues a mí me dan mucho miedo los dentistas...

Isabel: ¡Qué va! ¡No pasa nada! Bueno, luego te llamo para ver cómo te encuentras, ¿vale?

Nico: Muchas gracias, Isabel, y suerte con la muela.

Isabel: ¡Ponte bueno muy pronto!

Nico: ¡Tú también, Isabel!

En España cuando alguien estornuda utilizamos la expresión: *¡Jesús!* o *¡Salud!*

COMPRENDO

1 **Marca qué le duelen a Nico (N) y qué le duele a Isabel (I).**

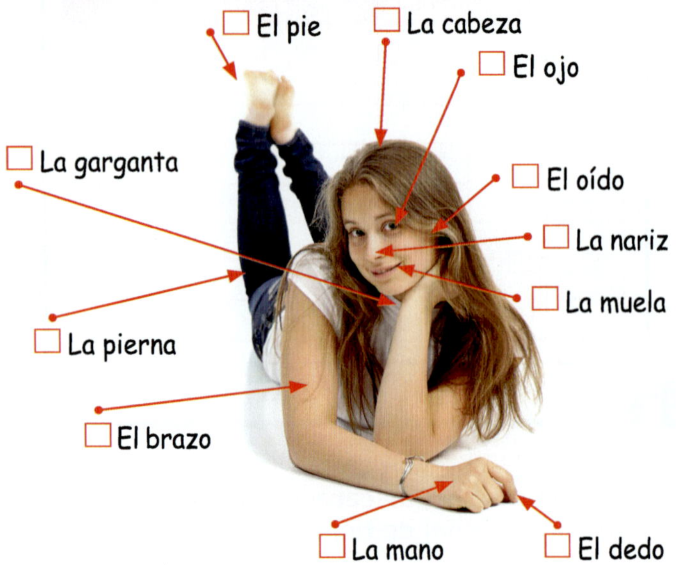

2 **Completa las frases sobre Nico e Isabel.**

1. Nico está enfermo y se encuentra ....
2. Nico va a ir al ....
3. Isabel va a ir al ....
4. A Nico le dan miedo ....
5. Esta tarde Nico no puede ir a casa de .... para jugar a la ....

3 **Isabel aconseja a Nico varias cosas. Según Isabel, ¿qué tres cosas tiene que hacer Nico?**

1. ....
2. ....
3. ....

PRACTICO Y AMPLÍO

4 LOS DOLORES Y LOS CONSEJOS

A. ¡Adivina!: Subraya las formas del verbo doler y responde: ¿por qué a veces utilizamos duele y otras duelen?

A veces nuestro cuerpo no se encuentra bien y nos duelen algunas partes... A muchos pacientes les duelen los ojos y les duele la espalda por escribir muchas horas al ordenador. A otros, les duele la cabeza de no hacer nada. A mí me duelen los oídos todos los días de escuchar a mis pacientes.

B. Completa la forma del verbo.

A mí	me	duel.......	+ nombre singular → el hombro/la cabeza
A ti, vos	....		
A él, ella, usted	....		
A nosotros, nosotras	nos	duel.......	+ nombre plural → los pies/las piernas dos o más nombres → la garganta y la cabeza
A vosotros, vosotras	....		
A ellos, ellas, ustedes	....		

C. Relaciona las dos columnas y completa la del verbo doler. Luego indica la imagen que corresponde.

c 

d 

e 

f 

g 

b 

a 

TENER DOLOR DE...

☐ **1.** Tenemos dolor de muelas.
☐ **2.** Tienes dolor de espalda.
☐ **3.** Tengo dolor de estómago.
☐ **4.** Tenéis dolor de cabeza.
☐ **5.** Juan tiene dolor de oídos.
☐ **6.** Tenemos dolor de garganta.
☐ **7.** Los niños tienen dolor de pies.

DOLER

a. .... los pies.
b. .... las muelas.
c. A ti .... la espalda.
d. .... el estómago.
e. A vosotros .... la cabeza.
f. .... los oídos.
g. A nosotros .... la garganta.

D. Fíjate en las fotos y escribe una frase adecuada según las fotos.

1 

2 

3 

4 

5 

1. ....
2. ....
3. ....
4. ....
5. ....

PRACTICO Y AMPLÍO

5 LAS MEDICINAS

Pista 21

A. Escucha la conversación sobre el botiquín escolar y marca qué hay y qué no.

Carlos: ¡Mira, Pilar! Tenemos que comprobar que el botiquín escolar tiene todas las cosas importantes. Yo leo la lista y tú me dices si está todo.

Pilar: ¡Vale, preparada!

Carlos: Si te haces una herida, tienes que limpiar la herida y ponerte...

Pilar: Hay que limpiar la herida con alcohol y algodón, y después poner una tirita. Sí, está todo.

Carlos: Si tienes dolor de garganta...

Pilar: Pues tienes que tomar un poco de jarabe. Está aquí.

Carlos: Y si te duele la cabeza...

Pilar: Pues tienes que tomarte una aspirina. También está aquí.

Carlos: Pero si crees que tienes fiebre...

Pilar: Pues tienes que ponerte el termómetro. Uff, no lo encuentro, creo que no está... Aunque aquí están las tijeras, y al lado la pomada para las quemaduras, pero está vacía.

Carlos: Terminamos, Pilar, pero tenemos que avisar sobre las dos cosas que faltan.

PRIMEROS AUXILIOS

		¿Está o no está?
La aspirina		☐
El termómetro		☐
Las tiritas		☐
El jarabe	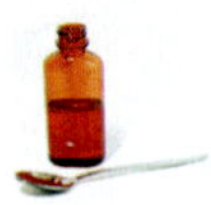	☐
El algodón		☐
Las tijeras	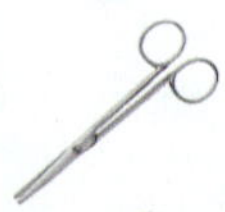	☐
El alcohol		☐
La pomada		☐

B. Termina las frases.

1. Para las heridas utilizo: ...., ..., y ....
2. Para las quemaduras necesitas ....
3. Para el dolor de cabeza tienes que tomar una ....
4. Si tienes dolor de garganta, tienes que tomar una cuchara de ....
5. Para medir la temperatura tienes que utilizar un ....

C. Elige entre duele o duelen y busca un consejo para cada dolor siguiendo el ejemplo.

1. Si te duele/duelen los dientes, tienes que ir al dentista
2. Si te duele/duelen la cabeza, ...
3. Si te duele/duelen la garganta, ...
4. Si te duele/duelen las heridas, ...
5. Si te duele/duelen los pies, ...

D. Ordena y escribe en tu cuaderno las frases con el tiempo verbal adecuado.

1. Sebastián/jugar/y hoy/ayer/a la Wii/la mano/dolerle.
2. quemarse/la mano/Susana/tener que/usar/porque/una pomada/en.
3. Ir al dentista/esta mañana/dolerme/las muelas/porque/muchísimo.
4. Pedro/estómago/porque/tener dolor de/comer/muchos caramelos/siempre.
5. no ir/Mis primas/a la piscina/doler/porque/espalda.

ACTÚO

Doy consejos

6 **¡Remedios locos!**

Encuentra junto a tu compañero el consejo verdadero.

El médico aconseja

1. Si tienes dolor de garganta, tienes que:
- a. Tomar un refresco de cola *light*.
- b. Tomar leche caliente con miel.
- c. Tomar chocolate.

2. Si haces ejercicio físico y te duelen los brazos y las piernas, hay que:
- a. Beber agua con azúcar.
- b. Comer muchos chicles de fresa.
- c. Tomar tres plátanos.

3. Si el dentista te quita un diente o muela, luego tienes que:
- a. Tomar cosas frías.
- b. Tomar cosas calientes.
- c. Tomar caramelos.

4. Si te duele la cabeza, tienes que:
- a. Tomar jarabe.
- b. Ponerte una tirita en la cabeza.
- c. Tomar una aspirina.

5. Si tienes una herida, hay que:
- a. Poner un poco de pasta de dientes sobre la herida.
- b. Limpiar la herida con un poco de alcohol y poner una tirita.
- c. Medir la temperatura con el termómetro.

GOBIERNO DE ESPAÑA | MINISTERIO DE SANIDAD Y CONSUMO

CÓDIGO <l>

Tus locos remedios

A. Cada grupo tiene que escribir y colgar una entrada con:
1. **Tres remedios caseros.**
2. **Tres remedios locos.**

B. Después, la clase tiene que elegir entre todos los remedios... **¡El mejor remedio casero y el remedio más loco!**

Participa en la comunidad de Código ELE

BLOG

Cuelga tus remedios.

EDUCACIÓN PARA LA CIUDADANÍA

Come de forma saludable

1 **Lee este texto e infórmate.**

La pirámide de los alimentos representa los diferentes grupos de alimentos y la importancia que tienen en nuestra vida.
Más de la mitad de lo que comemos al día debe ser **hidratos de carbono**.
El 15% corresponde a **verduras y frutas**. Ellas nos dan fibra, vitaminas y sales minerales.
Otro 15% se completa con carnes y pescados, que nos dan **proteínas**.
Por último, el 10% corresponde a alimentos fundamentalmente **grasos**. También son necesarios. ¿Sabes por qué? Porque son muy energéticos y contienen vitaminas y ácidos grasos esenciales para nuestro cuerpo.

2 **Clasifica en tu cuaderno estos alimentos del recuadro en: *hidratos de carbono, frutas y verduras, proteínas y grasas.***

- arroz • cebolla
- chocolate • huevos
- jamón cocido • lechuga
- manzana • naranja
- pan • pasta
- patatas • pera
- pescado • pimiento
- plátano • pollo
- queso • tomate
- aceite • zanahoria

3 **En un restaurante ofrecen esta carta. En grupos de cuatro, elige un menú sano y equilibrado.**

Restaurante La Noria

Menú del día

Primeros (a elegir uno)
Tortilla de patatas
Arroz con tomate
Arroz con pescado y gambas
Huevo frito con jamón y patatas fritas
Sopa de pescado
Pasta con salsa de tomate

Segundos (a elegir uno)
Hamburguesa con patatas fritas
Filete a la plancha con ensalada
Pescado en salsa con verduras
Pollo asado con patatas fritas

Postres (a elegir uno)
Tartas variadas
Flan de huevo
Yogur (natural o de sabores)
Helados variados
Fruta del tiempo

Bebida y pan

10 €

4 **Organiza el menú de una semana de forma saludable.**

ESPACIO INTERDISCIPLINAR

¡ME GUSTA LA EDUCACIÓN FÍSICA!

1 COMPLETA LOS RECUADROS CON LOS NOMBRES DE LAS PARTES DEL CUERPO.

2 ESCRIBE EN LAS LÍNEAS DE PUNTOS LO QUE PUEDES HACER CON CADA PARTE DEL CUERPO.

correr pensar cantar digerir opinar ver la tele comer escribir andar soñar leer estudiar reír dibujar hacer abdominales hablar nadar tocar saltar razonar hacer pesas aplaudir

AHORA YA SÉ

Comunicación

Hablar de las profesiones

1. Completa las frases con un verbo en presente o infinitivo.

1. El bombero .... los incendios.
2. Mi tío es músico, ... el violín.
3. Los policías .... a los ciudadanos.
4. La farmacéutica .... medicinas.
5. Quiero ser actor porque me encanta .... en teatros.
6. De mayor, Marta quiere ser veterinaria para .... las mascotas.
7. El informático tiene que .... el ordenador.
8. El mecánico va a .... el coche de mis padres.
9. El periodista .... de las noticias del día.
10. Mi padre es profesor, ... en un instituto.

Dar recomendaciones y consejos

2. Relaciona las dos partes de cada frase.

1. Si te duele la cabeza	a. hay que saber escuchar a los demás.
2. Para estar en forma	b. hay que hacer deporte.
3. Si tienes una herida	c. tienes que ir al dentista.
4. Para ser médico	d. hay que estudiar Anatomía en la universidad.
5. Si te duelen las muelas	e. tienes que tomarte una aspirina.
6. Para ser un buen psicólogo	f. tienes que ponerte una tirita.

Expresar dolencias y malestar

3. Completa las frases con los verbos de la lista en presente.

encontrar	tener (3)	estornudar	doler	pasar	estar (2)

1. Pedro se .... fatal, le .... el estómago.
2. ¿Qué te ....?, ... mala cara.
3. Julia .... enferma, ... tos y fiebre.
4. Hoy no he ido al instituto, porque .... gripe.
5. Vicente .... resfriado y .... mucho.

4. Ordena las palabras y escribe las frases.

1. el/hecho/herida/Me/he/pie./una/en
   ....
2. de/y/tose./Pedro/dolor/tiene/garganta
   ....
3. para/una/de/cabeza./que/Tienes/tomarte/aspirina/el/dolor
   ....
4. el/están/el/termómetro/botiquín./Las/medicinas/en/y
   ....
5. una/a/herida./Voy/en/ponerme/tirita/la
   ....

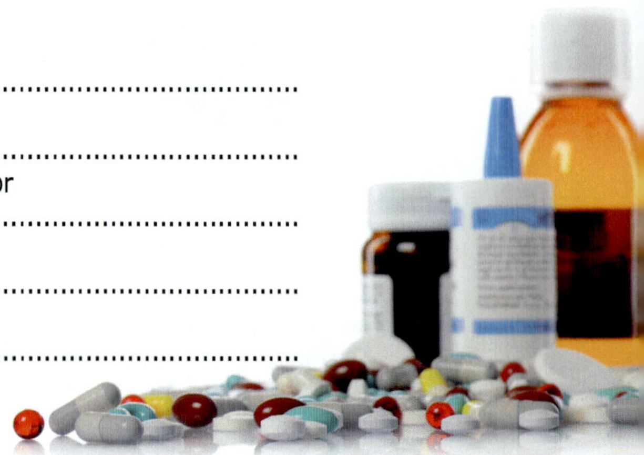

Gramática

Las profesiones: el género

5. Escribe el masculino o el femenino de las siguientes profesiones.

1. el abogado	....	6. la actriz	....
2. la dentista	....	7. el piloto	....
3. el veterinario	....	8. la escritora	....
4. la cocinera	....	9. el periodista	....
5. el bombero	....	10. la estudiante	....

El verbo «doler»

6. Completa con duele o duelen y los pronombres personales.

1. (A nosotros) .... la cabeza.
2. (A vosotras) .... las muelas.
3. (A mí) .... las piernas.
4. (A ellos) .... la mano.
5. (A ti) .... el pecho.
6. (A Elena) .... las muelas.
7. (A ustedes) .... los oídos.
8. (A Julián) .... el estómago.
9. (A usted) .... la garganta.
10. (A mí) .... el pie.

Léxico

El cuerpo

7. Escribe el nombre de la parte del cuerpo.

Las medicinas

8. Relaciona los dibujos con los nombres.

1. el termómetro
2. el alcohol
3. la aspirina
4. la pomada
5. el jarabe
6. la tirita
7. el algodón
8. las tijeras

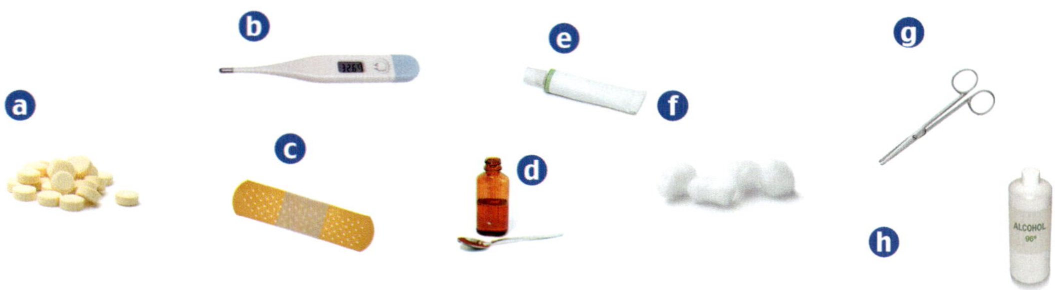

Preparo mi examen

LEO Completa el texto con las palabras de la lista.

beber - cuello - estudiar - cabeza - espalda - cuerpo - hacer - consejos - desayunar
estómago - evitar - cuidar - bien - tener - dormir

Cinco consejos para la época de exámenes

Cuando comienzan los exámenes, normalmente estamos muy nerviosos y no nos encontramos muy .... Por eso te voy a dar algunos ....:

1. Hay que .... bien, no puedes ir a un examen con el .... vacío, y hay que .... dos litros de agua diarios, para no .... dolores de cabeza.
2. Hay que .... ejercicio diario, así nuestro .... se encontrará bien.
3. Hay que .... ocho horas todos los días para tener nuestra .... descansada.
4. Hay que .... pasar muchas horas enfrente del ordenador porque puedes tener dolor de .... y .... Además hay que .... los ojos, que son muy importantes.
5. Ah, ¡y hay que .... todos los días!

ESCUCHO Escucha el programa de radio «Aprende más» sobre las profesiones más importantes.

Pista 22

a. Escribe por orden las profesiones más importantes.
b. ¿Qué tipo de profesores se incluyen en la lista?
c. Además de la profesión, ¿qué cosas son necesarias para conseguir un empleo?

ESCRIBO Fíjate en estos personajes famosos y completa la tabla.

RAFAEL NADAL
Deportista

GABRIEL GARCÍA MÁRQUEZ
Escritor

SHAKIRA
Cantante y bailarina

PERSONAJES	Estilo o estilos de aprendizaje	Imagina sus asignaturas preferidas en el colegio	¿Te los imaginas en otras profesiones? ¿En cuáles?
RAFAEL NADAL			
GABRIEL GARCÍA MÁRQUEZ			
SHAKIRA			

HABLO En parejas, da todos los consejos o remedios posibles para estos problemas.

1 

2 

3 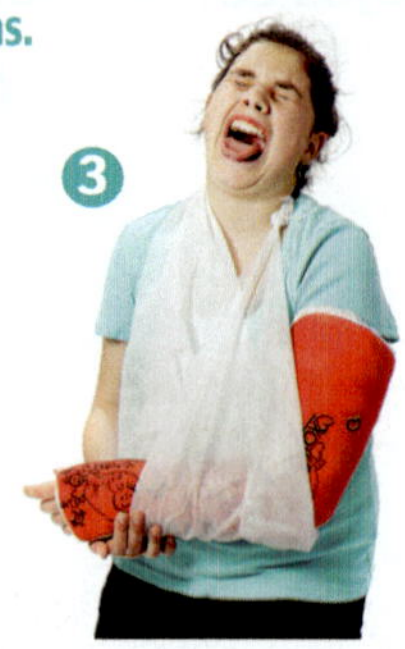

4 

Cuida nuestro planeta

Unidad 6

En esta unidad aprendes a...

- **Hablar de la naturaleza y los ecosistemas.**
- **Proponer soluciones ecológicas.**
- **Dar órdenes e instrucciones.**
- **Hacer una campaña de concienciación ecológica.**
- **Describir lo que está ocurriendo en estos mismos momentos.**
- **Describir animales.**
- **Crear una ONG.**

Lección

11 Verde, que te quiero verde

García Lorca, *Romancero Gitano*

Consejos ecológicos

Lee este test para evaluar si tienes una actitud ecológica. Marca las respuestas que crees que son correctas.

ECOTEST

1. Quiero **ahorrar agua** porque hay sequía.
   a. Cierra el grifo mientras te lavas los dientes. ☐
   b. Bebe un refresco en lugar de agua. ☐
2. Quiero **reducir la contaminación** del medio ambiente.
   a. Ve en bicicleta o a pie al colegio. ☐
   b. Toma el autobús, incluso en distancias muy cortas. ☐
3. Quiero **consumir menos energía**.
   a. Apaga siempre las luces. ☐
   b. Enciende todas las luces. ☐
4. Quiero **reciclar el papel** para evitar la deforestación.
   a. Utiliza los contenedores de reciclaje. ☐
   b. Tira tus libros de texto a la basura. ☐
5. Quiero **evitar el calentamiento global** para **evitar el deshielo**.
   a. Haz un esfuerzo para ahorrar energía. ☐
   b. Pon las bombillas en la nevera. ☐

Soluciones:
Si tienes mayoría de respuestas b, revisa tus hábitos; eres un peligro para la naturaleza.

COMPRENDO

1 **Relaciona las frases en negrita del texto anterior con las imágenes.**

a 
b 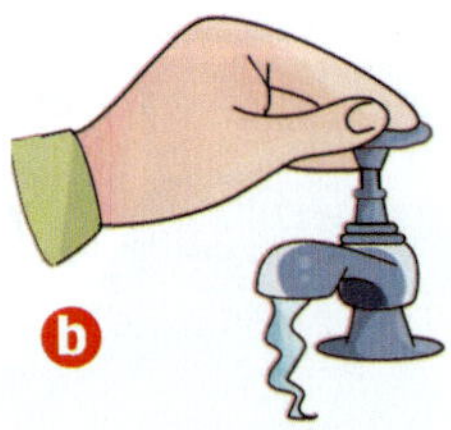
c 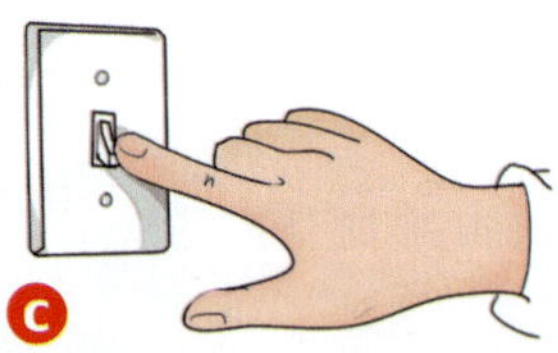
d 
e 

2 **¿Qué definición corresponde a cada problema? Busca las palabras en el test y relaciónalas con las imágenes.**

a 
b 
c 
d 

1. A causa del cambio climático, la temperatura de la tierra aumenta y las zonas polares desaparecen.
2. No hay agua porque no llueve y gastamos demasiada.
3. El aire, el mar, los ríos no están limpios.
4. Si cortamos los árboles, nos quedamos sin bosques.

PRACTICO Y AMPLÍO

3 EL IMPERATIVO

A. En el test anterior aparece una forma verbal nueva que sirve para dar instrucciones y consejos. Es el imperativo. Haz una lista de todos los verbos que aparecen en imperativo en el texto y deduce su infinitivo.

	ESCUCHAR	LEER	ESCRIBIR	LEVANTARSE
(tú)*	escucha	lee	escribe	levántate
(usted)	escuche	lea	escriba	levántese
(vosotros, vosotras)	escuchad	leed	escribid	levantaos
(ustedes)	escuchen	lean	escriban	levántense
(vos)	escuchá	leé	escribí	levantate

B. Ahora completa la tabla de los imperativos irregulares con las instrucciones que te damos:

a. Coloca estas formas irregulares de *tú* con el verbo correspondiente de la tabla.

VE HAZ SÉ SAL DI VEN TEN PON

b. Te damos un truco: la segunda persona del plural *(vosotros)* es muy fácil, se elimina la **r** del infinitivo y se pone una **d**.
Ej.: Hacer los deberes → Haced los deberes.

c. Otro truco: si añades una **n** a la forma de **usted**, ya tendrás la persona de **ustedes**:
Ej.: Ponga el abrigo en el armario → Pongan el abrigo en el armario.

	HACER	SER	TENER	PONER	IR	SALIR	VENIR	DECIR
	haga	sea	tenga	ponga	vaya	salga	venga	diga
(vos)	hacé	sé	tené	poné	ve	salí	vení	decí

¡Ya lo tienes! Enhorabuena, has sido capaz de completar la tabla tú solo.

C. Aquí tienes el decálogo del buen ecologista. Escoge una de las personas (tú/vosotros) y reescribe las frases en imperativo.

1. Apagar las luces. ....
2. Reutilizar las bolsas de la compra. ....
3. Reciclar el papel, el vidrio y el plástico. ....
4. Ahorrar agua, cerrar el grifo cuando te lavas los dientes. ....
5. Quitar la televisión si sales de la habitación. ....
6. Ir en bicicleta. ....
7. Respetar el medio ambiente. ....
8. Separar la basura. ....
9. Ahorrar energía. ....
10. Gastar poco papel. ....

D. ¿Y tú, qué haces para cuidar el medio ambiente? Haz una lista con tu compañero.

PRACTICO Y AMPLÍO

4 DAR INSTRUCCIONES

Pista 23

A. En el programa de radio «Verde, que te quiero verde», hoy hablan de un experimento para medir la contaminación. Escucha y marca qué objetos necesitas para hacer el experimento.

a

b

c

d
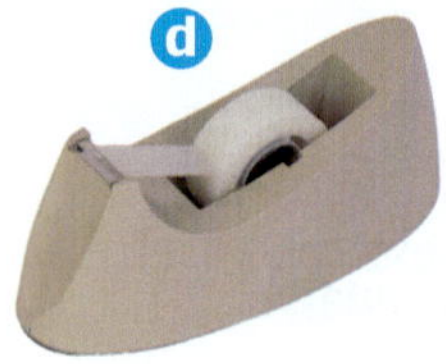
e

B. Vuelve a escuchar el texto y pon en orden las instrucciones.

- ☐ **Buscad** el vaso y **poned** vaselina en el exterior.
- ☐ **Colocad** el vaso en el lugar donde queréis detectar la contaminación.
- ☐ **Decidid** el lugar donde vais a hacer el experimento.
- ☐ **Comprobad** el número de partículas.
- ☐ **Dejad** pasar una semana y entonces **mirad** el vaso con una lupa.
- ☐ **Dibujad** un pequeño cuadrado de medio centímetro y **contad** el número de partículas que veis en el vaso.

C. Después de oír el programa, relaciona cada columna con los resultados del experimento.

1. De 0 a 15 partículas	a. Corre, alerta. Lugar contaminado. Avisa al Ministerio del Medio Ambiente.
2. De 15 a 50 partículas	b. ¡Cuidado! Toma alguna medida para reducir la contaminación.
3. Más de 100 partículas	c. Tranquilo. El aire está limpio.

5 LA PUBLICIDAD

A. En los mensajes publicitarios, se busca convencer. Por eso, a menudo, se utiliza el imperativo. Subraya los imperativos de este anuncio.

En el imperativo, todos los pronombres van detrás del verbo y escritos junto a él.

ECOLOGISTAS en acción

¡El verde nos une!

Somos un grupo de jóvenes ecologistas que buscamos voluntarios para ayudar al medio ambiente.
Hazte socio de nuestro grupo y únete a nosotros en Facebook.
Apúntate a nuestras actividades y vente este fin de semana a plantar árboles en el bosque Escondido.
Envíanos un correo a jovenesverdes@verde.com con tus datos para recibir más información.

B. Ahora, transforma este texto utilizando la persona vosotros.

Ej.: Haceos socios de nuestro grupo...

C. Relaciona las dos columnas y sustituye los nombres por un complemento directo.

Ej.: Cuida →	el medio ambiente	Cuídalo.
1. Separa	el papel	....
2. Recicla	la lavadora llena	....
3. Apaga	las luces	....
4. Pon	la basura	....
5. Respeta	los árboles	....

Sé ecologista

6 Participa en el concurso. ¿Sabías que...?

Marca la opción que consideras correcta. Después comprueba tus respuestas con el audio.

Pista 24

1. Si te duchas en lugar de bañarte, ahorras 100/20/50 litros de agua.
2. Un chicle tarda 2/5/7 años en desaparecer.
3. Una persona consume aproximadamente unos 90/150/200 kilos de papel al año.
4. Un grifo abierto consume 2/12/22 litros de agua por minuto.
5. Si quemamos el bosque, tarda 5/10/20 años en regenerarse.
6. Los aparatos en *stand by* consumen un 1%/5%/10% de la energía.
7. Una botella de plástico tarda de 1 a 5 meses/100 a 1000 años/10 a 100 años en desaparecer.
8. Las bolsas de plástico que tiramos al mar matan 10/100/500/600 millones de animales marinos al año.

7 Infórmate de cómo es una ciudad ecológica

Lee el texto y responde a las preguntas.

Vitoria-Gasteiz, ciudad verde 2012

VITORIA-GASTEIZ winner 2012 EUROPEAN GREEN CAPITAL

Vitoria ha sido elegida Capital Verde Europea gracias a su lucha contra el cambio climático, pero sobre todo, gracias a las personas que viven allí, que con su compromiso e ilusión hacen de ella una ciudad verde por fuera y verde por dentro.

Para llegar a ser ciudad verde europea, han tenido que enfrentarse a una serie de retos:

- Aumentar el uso del transporte público y animar a los ciudadanos a utilizar la bicicleta. Vitoria posee muchos kilómetros de carril bici y sendas para pasear a pie. Además, existe el Anillo Verde, un área formada por cinco parques unidos que crean kilómetros y kilómetros de senderos para disfrutar de la naturaleza.
- Promover el uso de las energías renovables.
- Eliminar las bolsas de plástico y sustituirlas por otras de largo uso o reciclables.
- Desarrollar huertos urbanos en algunas áreas de la ciudad.
- Reducir el consumo de agua. Se han llevado a cabo campañas de publicidad para concienciar a los ciudadanos en el ahorro del agua.

En resumen, una ciudad verde es una ciudad más sonriente.

a. ¿Qué medios de transporte se han desarrollado especialmente?
b. ¿Existen zonas especiales para montar en bici?
c. ¿Qué es el Anillo Verde?
d. Nombra tres medidas medioambientales que se han llevado a cabo en Vitoria.
e. ¿Qué medidas toman para ahorrar bolsas de plástico?
f. ¿Hay espacios para cultivar?

Participa en la comunidad de **Código ELE**

BLOG

Publica tu proyecto de ciudad ecológica.

CÓDIGO <E>

Ecológico

En grupo, crea tu proyecto de ciudad.
a. Crea una publicidad.
b. Describe tu proyecto.
c. Indica los retos que propones.

Extensión digital
www.edelsa
Zona estudiante

Lección 12

Un mundo animal

Un día en el Safari Park

Pista 25

Profesor: Chicos, vamos a empezar nuestro safari. Subid al coche y poneos el cinturón. ¿Estáis listos? Pues venga, empezamos nuestro recorrido.

Lola: Mira, allí hay unos monos. ¡Qué graciosos!, están saltando de árbol en árbol.

Nico: ¡Ah, sí! Y allí hay un león. ¡Qué bonito, parece que está durmiendo, no se mueve!

Profesor: No, no está durmiendo. Está vigilando a sus leoncitos. ¿Veis a la derecha tres leoncitos?

Sebastián: Sí, sí, los vemos. Están jugando. Haz una foto, Isa.

Profesor: Ahora vamos por este camino para ir a la zona donde están las jirafas. Mirad, allí al fondo se ve una jirafa.

Isa: ¡Qué cuello tan largo! No sabía que eran tan altas. Está comiendo hojas de los árboles.

Profesor: Ahora vamos a acercarnos al río. Seguro que a estas horas podemos ver cocodrilos.

Nico: Es verdad, veo dos. Están tomando el sol. Uff, son horribles.

Profesor: Mirad, fijaos a la derecha, hay dos elefantes.

Sebastián: Ah, sí. Están bebiendo agua. Ay, qué miedo, son enormes, están mirándonos, parece que vienen hacia nosotros. Váaaamonos de aquí... arranca el coche rápido.

Safari Park de Madrid, un sitio donde los animales están en semilibertad, puedes verlos recorriendo el safari con tu coche o en autobús. (http://www.safarimadrid.com)

Mono
Cocodrilo
Tigre
Elefante
Águila
León
Jirafa
Delfín
Rinoceronte

COMPRENDO

1 **Identifica los animales y marca los que se ven en el safari.**

1. ....

2. ....

3. ....

4. ....

5. ....

6. ....

7. ....

8. ....

9. ....

2 **¿Qué están haciendo los animales del Safari Park? Relaciona.**

a. Los monos	**1.** están bebiendo.
b. El león	**2.** está comiendo.
c. Los leoncitos	**3.** están jugando.
d. La jirafa	**4.** está vigilando.
e. Los cocodrilos	**5.** están tomando el sol.
f. Los elefantes	**6.** están saltando.

3 **¿Los animales tienen derechos? Expresa tu opinión sobre los animales en cautividad. ¿Son buenos los zoos?**

PRACTICO Y AMPLÍO

4 ESTAR + GERUNDIO

ESTAR		
estoy estás está estamos estáis están	+	Nadar: nadando Hacer: haciendo Escribir: escribiendo

A. Hay algunos verbos que tienen gerundios irregulares. Busca los gerundios irregulares de:

decir: .... leer: .... dormir: ....
oír: .... pedir: .... ir: ....

yendoleyendooyendopidiendodurmiendodiciendo

B. Mira estas fotos de nuestros amigos. ¿Qué están haciendo? Utiliza estar + gerundio.

5 DESCRIBIR ANIMALES

A. Hemos creado el Alpiralcu, un animal fantástico que tiene alas de pájaro, pico de águila, rabo de león, aletas de pato y cuernos de vaca. Identifica las partes.

PRACTICO Y AMPLÍO

B. Mira estas fichas y descubre qué animal están describiendo.

Es la reina del cielo.
Tiene alas y pico.
Vuela muy alto y tiene muy buena vista:
es ....

Es feroz, pero no es un león.
Tiene rayas negras y marrones:
es ....

Tiene un cuerno.
Puede pesar 3 500 kilos.
Es muy pesado, pero muy rápido:
es ....

Sabe nadar, vive en el mar y le encanta saltar. Parece que siempre está riéndose.
Tiene aletas y es muy inteligente:
es ....

Es un animal muy inteligente. Cuando está contento mueve el rabo. Es el mejor amigo del hombre:
es ....

C. Ahora, con tu compañero haz 3 fichas con la información de 3 animales. El resto de la clase tiene que adivinar qué animal estáis describiendo.

6 ANIMALES PROFESIONALES

A. Lee los siguientes artículos del periódico e indica una profesión para cada animal.

1. actor **2.** controlador aéreo **3.** héroe **4.** enfermero **5.** vigilante

¡En el aeropuerto de Barajas de Madrid, tienen a 70 halcones trabajando!

Su trabajo consiste en prevenir los accidentes aéreos que los pájaros pequeños pueden provocar cuando se acercan a los aviones. Gracias a los halcones, los viajeros se sienten más seguros.

¡Animales de película!

¿Sabes quién es Keiko? Seguro que sí. Keiko es la orca protagonista de la película *Liberad a Willy*. Keiko se convirtió en una estrella mundialmente famosa, con miles de fans. Seguro que también conoces al cerdito Babe, protagonista principal de *Babe, el cerdito valiente*.

¡Animales solidarios!

Barry, un perro san bernando, salvó a 40 personas que estaban perdidas en la nieve. Esto ocurrió en Berna, Suiza, donde hay incluso una estatua de este perro tan especial.

¡Peces cuida pies!

Estos pececitos dejan los pies muy suaves. Te dan un agradable masaje y se comen las pieles muertas.

¡Gansos, en guardia!

Si no te gustan los perros, puedes adoptar un ganso como mascota. Son animales muy territoriales que van a cuidar tu casa. Algunas personas utilizan los gansos como animales guardianes.

B. Relaciona las frases.

1. El halcón
2. El perro Barry
3. Los gansos
4. La orca Keiko
5. El cerdito Babe

a. actúo en varias películas.
b. evita accidentes de aviones.
c. protagonizó una película.
d. salvó a muchos alpinistas.
e. vigilan tu hogar.

C. Con tu compañero piensa en otros animales famosos o que hagan cosas útiles para los humanos.

ACTÚO

Creo mi propia ONG

7 ONG que cuida animales

A. Lee estos textos. Copia la tabla en tu cuaderno y complétala.

equanimal — en defensa de los animales

Queremos que los animales tengan un trato igual a las personas. Ayúdanos a acabar con el tráfico de animales que los sacan de su hábitat natural para venderlos en diferentes países. Este fin de semana tenemos un taller en la Casa de Campo para conocer más sobre el tema. Únete a nosotros.

GREENPEACE

Somos una asociación que nos dedicamos a cuidar el planeta. Organizamos actividades muy variadas para proteger el medio ambiente y los animales. Ahora, estamos organizando una campaña para evitar la desaparición de las ballenas, animales que están en peligro de extinción. Hazte socio y actúa.

El Refugio

Nos dedicamos a buscar hogar a las mascotas abandonadas. Los perros y gatos que salvamos viven en el hogar *El Refugio* hasta que encuentran un nuevo dueño. ¿Quieres adoptar una? Te invitamos a visitar nuestro centro.

Este mes estamos preparando una marcha canina para protestar por el abandono de nuestros mejores amigos. Apúntate ya.

Nombre de la ONG			
¿A qué se dedica?			
Animal que protege			
Acciones			

¿Qué ONG de las anteriores te parece más importante? ¿Por qué?

B. Observa esta ONG que se dedica a cuidar animales y crea una ONG parecida.

CÓDIGO <O>

Tu ONG

En grupos, crea tu propia ONG:

- Un nombre.
- Un logo.
- Explica:
  - ¿Quiénes sois?
  - ¿Qué animal o animales protegéis?
  - Las acciones que estáis haciendo en este momento.
- Anima a la gente a participar.

EDUCACIÓN PARA LA CIUDADANÍA

¿Qué es ser *un ciudadano o una ciudadana?*

«Una persona que coexiste en una sociedad». Definición del Consejo Europeo

1 **Lee esta adaptación de una página web y relaciona las 10 normas con la información complementaria.**

CIUDADANO

Este artículo te dará pautas para ser mejor ciudadano, ten en cuenta que el primer paso es la autoevaluación y la voluntad de esforzarte.
Cada día debemos esforzarnos en conseguir un mejor país, un mejor mundo. Debemos cumplir con nuestras responsabilidades. Estas son las 10 normas generales de convivencia.

1. **Cuida el medio ambiente**
2. **Cultiva valores cívicos de respeto y tolerancia**
3. **Respeta las creencias de los demás**
4. **Construye en tu entorno una cultura de paz y respeto a los derechos humanos**
5. **Protege a los animales**
6. **Rechaza la violencia**
7. **Cumple tus obligaciones**
8. **Levanta la voz y exige**
9. **Participa**
10. **Valora al otro**

Información complementaria:

a. Además de ser exigente con la autoridad, debes participar en lo que pasa en tu barrio.
b. Busca el bien común en lugar de solo el bien propio.
c. La ética es básica porque con ella se establecen acuerdos para una sana convivencia y la construcción de sociedades justas a través de las normas.
d. La tolerancia es entablar comunicación con los demás y respetar la libertad de opinión.
e. No es suficiente con no cortar un árbol, sino que debes sembrar más, consumir menos energía y mantener limpia la calle.
f. No solo se trata de elegir a las autoridades: hay que vigilarlas; denunciar las irregularidades.
g. Respeta al que es distinto y reconoce que también es importante.
h. Si eres violento, debes buscar ayuda. Si eres testigo de violencia, debes denunciarla.
i. Si tienes mascotas, tu obligación va más allá de alimentarlas y darles un techo.
j. Todas las personas tienen derecho a practicar su fe sin ser discriminadas, juzgadas o condenadas.

2 **En grupos de 4, para cada apartado, escribe tres ejemplos de lo que se debe hacer y no se debe hacer.**

3 **Con toda la clase juntos, divide la pizarra en dos partes y establece una lista con lo que debe hacer un buen ciudadano y lo que no debe hacer.**

ESPACIO INTERDISCIPLINAR

¡ME GUSTA LA LENGUA!

CÓMO REDACTAR UN TEXTO DESCRIPTIVO.

1 LEE LOS DOS TEXTOS, ¿A QUÉ ANIMAL SE DESCRIBE? JUSTIFICA TU ELECCIÓN.

Con una gran fuerza en comparación a su tamaño, este animal se caracteriza por sus ocho brazos con ventosas. En la unión de los brazos se encuentra la boca con forma de pico. En la cabeza tiene dos ojos muy desarrollados, el cerebro y tres corazones. También tiene un depósito de tinta que emplea para escapar de sus depredadores, los grandes peces.
Es muy tímido. Pasa la mayor parte del día escondido en grietas, y por la noche sale a cazar. Se alimenta de algunos peces y crustáceos pequeños.
Es un animal que se esconde, haciendo difícil verlo, incluso cambia de color.
Posee los sentidos muy desarrollados, excepto el oído, ya que es completamente sordo. Tiene, además, una gran inteligencia, memoria e incluso capacidad de aprendizaje.

Soy capaz de orientarme gracias al olfato, tengo un par de ojos muy perfeccionados y utilizo el sentido del tacto para acercarme a las hembras. Cambio de colores según mi estado de ánimo: blanco cuando estoy muy asustado y rojo cuando me pongo de mal genio. Además, cuando me amenaza un peligro, suelto a mi alrededor una nube de tinta, del mismo modo que algunos hombres, en circunstancias parecidas, tratan de ocultarse detrás de las palabras más adecuadas. Yo creo, sinceramente, que no somos tan distintos. La diferencia más grande que me distingue de esos hombres es que yo tengo ocho brazos.

1

2

3

4

2 RELACIONA LA INFORMACIÓN DE LOS DOS TEXTOS.

1. Se caracteriza por sus ocho brazos con ventosas.
2. Tiene dos ojos muy desarrollados.
3. Un depósito de tinta que emplea para escapar de sus depredadores.
4. Es un animal que se esconde, haciendo difícil verlo, incluso cambia de color.
5. Posee los sentidos muy desarrollados.

a. Soy capaz de orientarme gracias al olfato, tengo un par de ojos y utilizo el sentido del tacto para acercarme a las hembras.
b. Tengo un par de ojos muy perfeccionados.
c. Cambio de colores según mi estado de ánimo.
d. Cuando me amenaza un peligro, suelto a mi alrededor una nube de tinta.
e. La diferencia más grande que me distingue de esos hombres es que yo tengo ocho brazos.

3 COMPARA LOS DOS TEXTOS.

a. ¿En cuál de los dos de destaca más su forma física?
b. ¿En cuál se le da más importancia a su comportamiento?
c. ¿Cuál es más científico y objetivo?
d. ¿Cuál es una personificación?
e. ¿Cuál de los dos te gusta más? ¿Por qué?

4 ESCRIBE UN TEXTO DESCRIBIENDO A UN ANIMAL. ELIGE UNO DE LOS DOS TEXTOS COMO MODELO.

AHORA YA SÉ

Comunicación

Dar órdenes e instrucciones

1. Relaciona y completa las frases con los verbos en imperativo.

1. Un profesor a sus alumnos.
2. Una madre a su hija.
3. Un chico a su perro.
4. Una chica a una amiga.
5. Una madre a sus hijos.
6. Un alumno a un profesor.
7. Un conductor de autobús a dos ancianas.
8. A un amigo en el cine.
9. Un profesor a sus alumnos.
10. Un señor a un taxista.

a. (Ordenar, tú) .... tu habitación.
b. (Escribir, Ud.) .... las palabras en la pizarra, por favor.
c. (Venir, tú) .... a merendar a mi casa.
d. (Levantar, tú) .... la patita.
e. (Girar, Ud.) .... a la derecha, por favor.
f. (Bajar, Uds.) .... en la plaza de Goya.
g. (Leer, vosotros) .... el texto.
h. (Abrir, vosotros) .... los libros por la página 38.
i. (Hacer, vosotros) .... los deberes antes de cenar.
j. (Comprar, tú) .... las entradas ahora.

Hablar de acciones en curso

2. Observa las fotos y di qué están haciendo.

Yo — Ella — Tú — Nosotros

Gramática

El imperativo: verbos regulares

3. Completa los cuadros.

Hablar	Leer	Escribir	Levantarse	
....	....	....	....	(tú)
....	....	....	....	(usted)
....	....	....	....	(vosotros, vosotras)
....	....	....	....	(ustedes)

El imperativo: verbos irregulares

4. Completa los cuadros.

Hacer	Ser	Tener	Poner	
....	....	....	....	(tú)
....	....	....	....	(usted)
....	....	....	....	(vosotros, vosotras)
....	....	....	....	(ustedes)

El gerundio

5. Escribe los gerundios correspondientes.

beber .... escribir .... comer .... dormir ....
hablar .... oír .... decir .... pedir ....
leer .... esperar .... ir .... volver ....

Léxico

Los gestos ecológicos

6. Une las palabras y reconstruye 10 gestos ecológicos.

1. ahorrar	a. en lugar de en coche
2. ir en bicicleta	b. el papel
3. apagar siempre	c. público
4. reciclar	d. las bolsas de la compra
5. separar	e. agua
6. reutilizar	f. en lugar de bañarse
7. gastar poco	g. árboles
8. plantar	h. la basura
9. ducharse	i. papel
10. utilizar el transporte	j. las luces

La ecología: problemas

7. Escribe el nombre de cada fenómeno.

1. ....

2. ....

3. ....

4. ....

Los animales salvajes

8. Relaciona cada animal con un adjetivo de la lista (escríbelo en la forma correcta).

muy inteligente	rápido	feroz	gracioso	alto	largo	enorme	gris

1. El mono es ....
2. La jirafa es ....
3. El cocodrilo es ....
4. El león es ....
5. El elefante es ....
6. El delfín es ....
7. La serpiente es ....
8. La ballena es ....

El cuerpo de los animales

9. Relaciona las palabras con las partes correspondientes del animal.

el ala
el cuerno
la aleta
el pico
la pata
la cabeza
la oreja
el ojo
el cuello

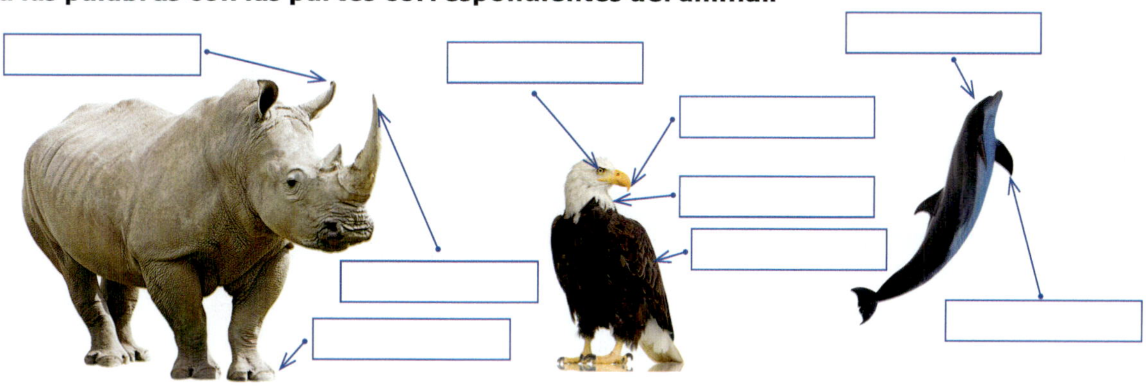

Preparo mi examen

LEO Lee el texto y complétalo con los verbos en imperativo, segunda persona del singular (**tú**).

utilizar - Cerrar - Comprar - ahorrar - apagar - Separar - Tirar - Respetar - Hacer - Proteger

Por una ciudad limpia y un mundo mejor: reduce, recicla, reutiliza

______ la compra con una bolsa de tela y ______ la misma bolsa.
______ solo lo que vas a necesitar.
______ el grifo y ______ agua.
Si sales de casa, ______ las luces.
______ el papel, el vidrio y el plástico.
______ cada cosa en el contenedor adecuado.
______ las plantas y los animales.
______ el planeta.

ESCUCHO Escucha esta conversación telefónica entre dos amigas. Marca las actividades que oyes y pon el nombre de la persona que las está haciendo.

Pista 26

Está comiendo.		Está durmiendo.		Está corriendo.	
Está estudiando.		Está haciendo deberes.		Está jugando al fútbol.	
Está leyendo.		Está viendo la tele.		Está escuchando música.	

ESCRIBO Escribe una entrada en el blog: **Salvemos la Tierra**. Cuéntanos y explica 4 acciones que haces en tu vida para mejorar el medio ambiente.

Blog
Salvemos la Tierra

1. ....
2. ....
3. ....
4. ....

HABLO Por turnos, explica a tu compañero qué significa:

Deshielo · Reciclar · Contaminación · Deforestación · Sequía · Medio ambiente

Carpeta de actividades complementarias

Contiene:

6 proyectos interculturales

1. Mercados peculiares
2. Grafito: arte o vandalismo
3. El fútbol, más que un deporte
4. La música en español
5. Dos alimentos propios
6. Ecosistemas latinos

6 lecturas

(Selección y explotación de la profesora ZsuZsanna Ruppl)

1. Memorias de una gallina
2. Manolito Gafotas
3. El caso del extraño empleado
4. Operación Yogur
5. La cazadora de Indiana Jones
6. Diario de un pardillo

Proyecto 1
intercultural

Mercados peculiares

Descubre el Rastro de Madrid

El Rastro es un mercado al aire libre de origen medieval en el centro histórico de Madrid, entre los barrios de La Latina y Lavapiés, y es uno de los mercadillos callejeros más grandes y populares de Europa. Además, desde el año 2000, el Rastro es Patrimonio Cultural del Pueblo de Madrid.

Todos los domingos y festivos entre las 9:00 y las 15:00 horas, numerosos puestos ofrecen multitud de objetos nuevos y, sobre todo, de segunda mano, como libros, antigüedades, ropa y complementos, calzado, discos, artículos de coleccionismo, etc. Allí puedes encontrar verdaderas gangas, es decir, cosas muy baratas, pero para conseguir un precio más bajo o descuento tienes que regatear con el vendedor.

En el Rastro hay siempre mucha gente, así que es mejor ir por la mañana temprano y con ropa cómoda para caminar tranquilamente. También hay cafeterías, bares y restaurantes para descansar y tomar alguna tapa, que es un pequeño aperitivo que se sirve con la bebida.

Gangas: ropa por 1 euro

Numerosos puestos

Antigüedades

1. Localiza en el texto estas palabras y relaciónalas con su significado.

a. Mercadillo
b. Puesto
c. Segunda mano
d. Ganga
e. Descuento
f. Regatear
g. Tapa

1. Aperitivo que acompaña a una bebida.
2. Artículos a la venta que no son nuevos.
3. Algo muy barato.
4. Tienda al aire libre.
5. Conjunto de tiendas al aire libre.
6. Acción para conseguir un precio más barato o descuento.
7. Precio más barato.

2. Según el texto, marca qué productos puedes comprar en el Rastro de Madrid.

- ☐ Carne
- ☐ Discos y CD de música
- ☐ Fruta y verdura
- ☐ Libros
- ☐ Monedas antiguas
- ☐ Muebles antiguos
- ☐ Pan y bollos
- ☐ Pescados y mariscos
- ☐ Ropa nueva
- ☐ Ropa usada
- ☐ Sellos y postales
- ☐ Zapatos

Descubre el mercado de San Telmo, en Buenos Aires

En el año 2001, el mercado de San Telmo fue declarado Monumento Histórico Nacional por la Secretaría de Cultura del Gobierno de la Ciudad de Buenos Aires, Argentina. Hoy en día no solo es un antiguo mercado, sino también una parte muy importante de la cultura de la ciudad.

Se inauguró en 1897 y ya por aquella época se convirtió en el corazón comercial del barrio más antiguo y céntrico de la ciudad. Algunos de los puestos son hoy todavía negocios familiares y, a lo largo de casi un siglo, trabajaron allí abuelos, padres hijos y nietos de una misma familia.

Sin embargo, aunque el mercado de San Telmo conserva antiguos puestos, como carnicerías, pescaderías, verdulerías, panaderías y floristerías, en la actualidad es un lugar turístico y, sobre todo, hay muchas tiendas de antigüedades.

Puestos de frutas y verduras

Fachada principal

Bóveda central

3. Relaciona las expresiones de tiempo.

1. por aquella época	**a.** actualmente
2. a lo largo de	**b.** durante
3. hoy en día	**c.** entonces

4. ¿Con qué asocias estos conceptos, con el Rastro (R) o con el mercado de San Telmo (T)?

- [ ] Alimentos y comidas
- [ ] Atractivo turístico
- [ ] Edificio antiguo
- [ ] Puestos callejeros
- [ ] Todos los días
- [ ] Antigüedades
- [ ] Céntrico
- [ ] Domingos y festivos
- [ ] Segunda mano

interculturalidad

Seguramente conoces algún mercadillo en tu país. Elige uno y descríbelo: ¿cuál es su nombre?, ¿qué días abre y cuál es su horario?, ¿qué cosas puedes hacer o qué tipo de artículos puedes comprar allí?, etc.

Proyecto 2 intercultural

Grafito: arte o vandalismo

1. Lee el texto y responde a las preguntas.

«Grafito» proviene de la palabra griega grapho, que significa `escribir´ y del término italiano sgraffito: `dibujo o garabato en la pared´. Muchos dicen que el grafito existió en la prehistoria cuando el hombre pintaba las paredes como forma de expresión y comunicación. También encontramos ejemplos de grafitos con todo tipo de mensajes en la antigua ciudad de Pompeya.

El término actual viene del movimiento que se inició en los años 60 en Nueva York. Un joven de origen griego empezó a pintar paredes con su nombre y un número: TAKI 183. Muchos jóvenes le siguieron y dejaban sus firmas por todas partes. Más tarde, estas firmas evolucionaron hacia letras muy complejas y llenas de color, con formas artísticas diferentes.

En los años 80 se extendió por Europa y se identificó con el movimiento del «hip hop», la música rap y el baile «breakdance». El grafito va unido a la aparición del aerosol o espray, herramienta básica para los grafiteros. También se utiliza la técnica del «stencil» que consiste en utilizar plantillas para poder pintar rápidamente y repetir la misma figura.

En España, uno de los grafiteros más famosos es Suso33: «Empecé pintando en la calle y sigo haciéndolo, aunque en lugares donde soy consciente de que no hace daño: ventanas tapiadas, espacios de tránsito o locales que han cerrado y que van a volver a abrir». Sus grafitos se consideran obras de arte y se han visto en el Museo Reina Sofía, en el Thyssen Bornemisza, en el Teatro Real y en la Biblioteca Nacional.

Prueba de la importancia del grafito es que desde hace unos años se publican revistas sobre el tema y se organizan exhibiciones y festivales de grafito. Existen incluso museos dedicados exclusivamente a este arte, un ejemplo es el Museo del Grafito en Leganés (Madrid).

1. ¿De dónde procede la palabra *grafito*?
2. ¿Cómo surgió?
3. ¿Qué invento o herramienta es esencial para el grafito?
4. ¿En qué consiste la técnica del *stencil*?
5. ¿Qué estilo de música se identifica con el grafito?
6. ¿Dónde podemos ver grafitos actualmente?

2. Escoge 10 palabras de esta lista y escribe tu definición del término «grafito».

Aburrido – Arte – Calle – Campo – Ciudad – Color – Creatividad – Cuadro – Escribir – Expresión – Ilegal – Limpio – Llamar la atención – Museo – Oscuro – Pared – Protestar – Rap – Rápido – Rebelde – Espray – Vandalismo

3. Hay grafitos de diferentes tipos. Observa las siguientes imágenes y encuentra:

1. Un grafito basado en un personaje histórico. ☐
2. Un grafito basado en un personaje de cine. ☐
3. Un *tag* o firma de colores. ☐
4. Un grafito con un personaje de cómic. ☐
5. Un grafito que representa un río. ☐
6. Un grafito que juega con la realidad. ☐

interculturalidad

¿Has visto grafitos en tu país? ¿Dónde los has visto? ¿Conoces a algún grafitero famoso?

Debate. ¿Qué piensas ahora del grafito, es arte o vandalismo?

Proyecto 3 intercultural

El fútbol, más que un deporte

Descubre la Roja

La Roja (o lo que es lo mismo, la Selección española de fútbol, que viste una camiseta de este color) se ha convertido en leyenda: el 1 de julio de 2012 pasó a la historia debido a que el equipo ganó de manera consecutiva la triple corona: una Eurocopa, un Mundial y otra Eurocopa.

La Selección nació en 1920 para participar en los Juegos Olímpicos de Amberes, en Bélgica, pero hasta el 2010 no logró ganar ningún mundial. Curiosamente España no participó en el primer mundial celebrado en 1930 en Uruguay, ya que el viaje en barco era muy largo, y decidieron no ir. Ha participado en 13 Copas del Mundo.

Un partido histórico de la Selección fue un partido amistoso contra Bulgaria en 1930, España ganó por trece goles a cero a la Selección búlgara. Hasta el 2012 son 726 los jugadores que han vestido la camiseta roja. También han sido muchos los seleccionadores que han entrenado a la Roja. Entre ellos encontramos a Luis Aragonés (con el que España ganó la Eurocopa de 2008), y a Vicente del Bosque, actual seleccionador del equipo.

Rellena la ficha sobre la Selección de fútbol española:

Fecha de nacimiento:
Apodo:
Número de jugadores:
Número de Mundiales ganados:
Número de Eurocopas ganadas:

Iker Casillas Fernández (Madrid, 20 de mayo de 1981) es el actual capitán de la Selección y juega como portero del equipo. Comenzó a jugar al fútbol en el equipo para niños del Real Madrid en 1990. Iker ha sido elegido mejor portero del mundo durante cuatro años seguidos.

Andrés Iniesta Luján (Albacete, 11 de mayo de 1984) ingresó a los 8 años en las categorías inferiores del Albacete Balompié. El Barça, equipo de Barcelona donde juega como centrocampista, le fichó a los 12 años. Destaca por su habilidad de moverse en espacios reducidos en el campo de juego.

1. ¿A qué futbolista corresponde cada uno de estos datos?

Barça – Capitán – Centrocampista – Portero – Real Madrid

2. Localiza estas palabras en los textos de los jugadores y explica su significado.

- Ingresar
- Balompié
- Fichar
- Reducido

Diego Forlán

Leo Messi

Descubre la pasión futbolera en Latinoamérica

La Selección argentina es una de las más destacadas de Latinoamérica. Ganó los Mundiales en 1978 y 1986. El fútbol en Argentina es una auténtica pasión que mueve a millones de hinchas, sobre todo cuando juegan contra su eterno rival, Brasil. Leo Messi (24 de junio de 1987) es el jugador argentino más internacional y famoso; ha sido considerado el mejor jugador del mundo durante tres años seguidos. Con solo 13 años se trasladó a Europa con sus padres para jugar con el Barça, su equipo actual.

El primer Campeonato Mundial de Fútbol se jugó en Uruguay en 1930. La elección de este país se debió a que Uruguay fue campeón en las Olimpiadas de 1924 y 1928 y, además, en aquel año, celebraba el primer centenario de su independencia. Uruguay ha ganado dos Copas del Mundo (1930 y 1950). También se la conoce como *la Celeste* por el color de su camiseta. Forlán es uno de sus jugadores más destacados. Actualmente juega en el Internacional de Brasil.

3. Asocia cada camiseta con una selección nacional de fútbol.

1

2

3

4. Localiza en el texto estas palabras y explica su significado.

Hincha – Rival – Equipo – Ganar – Copa

interculturalidad

¿Cuál es el deporte más popular en tu país? ¿Tiene la selección de tu país algún premio internacional en alguna disciplina olímpica? Describe a un deportista destacado.

Proyecto 4 intercultural

La música en español

1. Relaciona cada ritmo con su descripción.

El tango

El flamenco

Ritmo caribeño

La música andina

El bolero

Es un género de música y danza que nació en Andalucía (sur de España) en el siglo XVIII, que tiene como base la música y la danza de la etnia gitana. La guitarra y las castañuelas son sus instrumentos característicos.

Término que se aplica a un grupo de géneros musicales originados en los Andes sudamericanos. Se caracteriza por la interpretación con instrumentos como la quena, el charango y el bombo.

Es un género musical del Río de la Plata. La música está basada en el sonido del bandoneón. La coreografía es muy sensual y compleja. Las letras están compuestas en un argot local llamado *lunfardo*.

Es la agrupación de músicas, cantos y danzas de América Central y del Caribe y las partes costeras de Venezuela y Colombia. Surgieron de la unión de ritmos europeos, africanos y nativos en distintas zonas, como parte del mestizaje americano. Se caracterizan por el uso de percusión, como los bongos.

Canción de ritmo lento, bailable, originaria de Cuba, muy popular en el Caribe, con letras melancólicas y románticas. Es ideal para bailar con un novio/a o para acompañar con las maracas.

2. Completa la tabla. Luego escucha un pequeño fragmento de cada una. ¿Cuál te gusta más?

Pista 27

Nombre	Instrumento	Región	Características

3. **¿Conoces el nombre de estos instrumentos? Localiza los nombres en los textos anteriores.**

4. **Lee el texto y marca verdadero o falso.**

¡A TODO RITMO!

¿Sabes qué es *zumba*?

Zumba es una nueva práctica deportiva que combina el aeróbic con la música latina. Nació en Colombia a mediados de los 90 y enseguida se convirtió en la modalidad de *fitness* más seguida en todos los gimnasios del mundo. Surgió porque un día a su creador se le olvidó llevar la música a clase e improvisó con la música de la radio. Según los expertos, bailar es una de las formas más fáciles y divertidas de perder peso y de mejorar nuestro cuerpo. Ya son muchas las personas que se han unido a esta modalidad de aeróbic en la que el ritmo latino te mueve de la cabeza a los pies. La salsa, la cumbia, el *reggaeton* o la samba son algunos de los ritmos que sirven como base para animar la clase de zumba. Ahora bailar, cuidar el cuerpo, divertirse y ser feliz durante por lo menos la hora de clase es muy fácil.

ZUMBA FITNESS

	V	F
1. La zumba se practica en la calle.	☐	☐
2. Nació en Norteamérica.	☐	☐
3. Su origen se debió a una casualidad.	☐	☐
4. Los ritmos latinos son la base de la zumba.	☐	☐
5. Es una actividad perfecta para el cuerpo y para el espíritu.	☐	☐

interculturalidad

¿Qué tipos de música existen en tu país?, ¿cómo los describirías? ¿Existen diferentes tipos de bailes?

Proyecto 5 intercultural

Dos alimentos propios

Descubre el oro líquido

El aceite de oliva es el zumo o jugo natural de las aceitunas, que son el fruto del olivo. El olivo es un árbol que puede vivir más de mil años. Desde la antigüedad, este producto lo utilizaron las culturas mediterráneas ya no solo para cocinar, sino también para diversos usos, como por ejemplo, en la medicina, como cosmético y perfume, para masajes, como iluminación, para ritos y ceremonias religiosas, etc. Hoy en día muchos profesionales siguen trabajando con este *oro líquido* por sus numerosas propiedades beneficiosas para el cuerpo humano y la salud.

Aunque existen diferentes tipos de aceite, el de mejor calidad es el aceite de oliva virgen extra. Desde el año 2010, es Patrimonio Cultural Inmaterial de la Humanidad por la Unesco, ya que el aceite de oliva es muy bueno para la salud: para el corazón, los huesos, ayuda a las defensas del cuerpo, tiene vitaminas A, D, E y K, y previene el colesterol y otras enfermedades.

Italia, Francia, Grecia, Portugal y España son los mayores productores y exportadores de aceite de oliva del mundo. En España se produce principalmente en Andalucía, Cataluña y en la isla de Mallorca.

1. Responde a las preguntas.

1. ¿Qué países producen y exportan aceite de oliva al mundo?
2. ¿Dónde se da la mayor producción de aceite de oliva en España?
3. ¿Cuál es el aceite de oliva de mejor calidad?
4. ¿Por qué el aceite de oliva es bueno para la salud?

2. Enumera tres profesiones relacionadas con el uso del aceite de oliva.

La bebida de los dioses

El chocolate se obtiene mezclando azúcar con dos productos derivados de las semillas del cacao: una materia sólida (la pasta de cacao) y una materia grasa (la manteca de cacao). A partir de esta combinación básica, se elaboran los distintos tipos de chocolate, que dependen de la proporción entre estos elementos y de su mezcla o no con otros productos tales como leche y frutos secos.

No se conocen con certeza los orígenes del árbol de cacao. Algunas teorías proponen que su cultivo empezó en las tierras tropicales de los ríos Orinoco y Amazonas, extendiéndose poco a poco hasta llegar a México. Otras plantean que ocurrió lo opuesto: se extendió desde el sureste de México hasta el río Amazonas. Lo que se tiene por hecho es que las primeras evidencias de su uso humano se encuentran en territorio mexicano, que hace mucho tiempo fue ocupado por culturas prehispánicas.

Aunque el chocolate se toma por placer, es muy beneficioso para la salud: para la circulación de la sangre, es anticanceroso, estimula el cerebro, etc. Pero cuidado, es conveniente tomarlo con moderación, pues es un alimento rico en calorías.

3. Responde a estas preguntas.

1. ¿Qué es el chocolate?
2. ¿De dónde procede?
3. ¿Por qué es conveniente tomar chocolate?
4. ¿Por qué no se debe tomar mucho chocolate?
5. ¿Te gusta?

4. Relaciona las imágenes con las palabras.

1. Bombones de chocolate
2. Chocolate en polvo
3. Chocolate líquido
4. Huevos de Pascua
5. Semillas del cacao
6. Tableta de chocolate

a

b

c

d

e

f

interculturalidad

¿Hay algún alimento característico de tu cultura? ¿Cuál es el plato nacional de tu país?

Proyecto 6
intercultural

Ecosistemas latinos

Un ecosistema es un conjunto de animales (fauna) y de plantas (flora) que se relacionan entre sí y que habitan en un lugar determinado.

1. Lee los siguientes textos y relaciónalos con las fotos.

a El desierto más árido del mundo se encuentra en el norte de Chile. Este lugar tiene unas condiciones climáticas muy extremas. Las noches son muy frías, con temperaturas de hasta 25 grados bajo cero y por el día hace mucho calor, a menudo se alcanzan 45 grados. Esta zona vivió la sequía más larga del mundo, ¡400 años sin llover! A pesar de estas condiciones, existen gran cantidad de cactus, serpientes y zorros.

b ¿Sabías que existen desiertos de sal? El salar más grande del mundo está en el sur de Bolivia, es un lugar tan blanco que es casi imposible abrir los ojos si no llevas gafas de sol. Se estima que tiene diez mil millones de toneladas de sal. En esta zona, el clima es frío y seco. A veces, cuando llueve, el salar se convierte en un lugar mágico, una especie de espejo gigante donde es difícil distinguir el cielo de la tierra. En él hay flamencos y una especie de felino llamado *gato andino*.

c En el Parque Nacional de los Glaciares de la Patagonia, al sur de Argentina, hay uno de los glaciares más impresionantes del mundo: tiene una altura de 70 metros y siempre está en movimiento, avanza unos 2 metros al día. La temperatura habitual es de 0 grados y en invierno puede llegar a los 30 grados bajo cero. A menudo se ve al cóndor volar sobre este glaciar. Este lugar fue declarado Patrimonio Natural de la Humanidad en 1981.

d Este grupo de islas tropicales se encuentran en el océano Pacífico de la costa de Ecuador. Es un ecosistema tan importante que en 1979 fue declarado Patrimonio Natural de la Humanidad por la Unesco. Las islas están pobladas por gran cantidad de iguanas y tortugas casi gigantes. En sus aguas habitan leones marinos y hasta pingüinos, los únicos pingüinos de aguas cálidas del mundo. Entre junio y septiembre también es frecuente ver ballenas. Charles Darwin visitó estas islas en 1835 y los estudios que realizó en ellas fueron muy importantes para desarrollar su teoría de la evolución.

e La selva amazónica peruana es el bosque tropical más grande del planeta, en él viven gran cantidad de plantas: árboles de más de 40 metros, flores, plantas medicinales y plantas acuáticas como la victoria amazónica que tiene 2 metros de diámetro. La fauna es muy variada, podemos ver jaguares, pumas, monos y gran cantidad de aves, como tucanes y loros. En sus lagunas existe un tipo de delfín muy curioso, el delfín rosa. Pero también hay pirañas y anacondas.

Amazonía

Salar de Uyuni

1

3

4

Islas Galápagos

2

Desierto de Atacama

5

Glaciar Perito Moreno

2. Contesta a las siguientes preguntas.

1. ¿Qué lugares son Patrimonio Natural de la Humanidad?
2. ¿Dónde podemos encontrar delfines rosas?
3. ¿Por qué el salar de Uyuni a veces se convierte en un lugar mágico?
4. ¿En qué lugar puedo encontrar plantas medicinales?
5. ¿Qué científico famoso estuvo en las islas Galápagos?
6. ¿Qué lugar de los anteriores te gustaría visitar o ir de vacaciones? ¿Por qué?

3. Completa la siguiente tabla.

	Fauna y flora	Clima
Perito Moreno		
Islas Galápagos		
Desierto de Atacama		
Selva amazónica		
Salar de Uyuni		

interculturalidad

Haz una ficha con un paisaje de tu país. Después, explícalo.

- **Nombre del lugar:**
- **Localización:**
- **Fauna:**
- **Flora:**
- **Clima:**
- **Otras curiosidades:**

Para leer (texto para la primera unidad)

Leo

Mucha gente piensa que las gallinas son todas iguales, iguales y tontas. Pero no es así, las hay listas y torpes. Y también las hay malhumoradas, que gritan con voz de enfado por cualquier cosa; sin embargo otras solo abren el pico cuando están contentas, porque han puesto un huevo, aunque sea pequeño, o porque, después de llover, el sol sale de nuevo y huele a tierra mojada y a hierba limpia y fresca.

Hay gallinas ambiciosas y glotonas que se comen los mejores granos de maíz, y claro, luego siempre ponen los huevos más grandes. Son esas que suelen tener las crestas empinadas y muy rojas y las plumas muy brillantes, y también suelen empujar a las demás, e incluso a algunas les pican en el cuello.

Y hay gallinas tristes y asustadas. Son esas a las que las otras, las glotonas y ambiciosas, siempre les pican.

No, las gallinas no son todas iguales, como tampoco lo son las personas. Y en los gallineros ocurren cosas parecidas a las que ocurren en el mundo de los hombres y las mujeres. Porque también en nuestro mundo hay gente malhumorada, gente ambiciosa y presumida y gente asustada. Pero también hay gente amable y generosa, que se alegra cuando los demás se alegran, o cuando, después de haber llovido, el sol asoma su cara dorada y sonriente.

Adaptado de Concha López Narváez:
Memorias de una gallina

Comprendo

1. ¿Verdadero o falso?

	V	F
1. Todas las gallinas son iguales.	☐	☐
2. Las gallinas ponen huevos.	☐	☐
3. Todas las gallinas se llevan bien entre ellas.	☐	☐
4. Las gallinas que comen más ponen huevos más grandes.	☐	☐
5. Las personas viven en los gallineros.	☐	☐

2. Contesta a las preguntas.

1. ¿Qué piensa la gente?
2. ¿Cómo son las gallinas que comen los mejores granos?
3. ¿Cuándo están más contentas las gallinas?
4. ¿Por qué algunas están tristes y asustadas?
5. ¿Quiénes son parecidas a las gallinas?

Aprendo

1. Lee otra vez el texto e identifica las palabras marcadas y completa la imagen.

2. Busca en el texto los adjetivos y relaciona cada uno con su contrario.

a. amable
b. ambicioso
c. asustado
d. generoso
e. glotón
f. malhumorado
g. presumido
h. tonto
i. torpe
j. triste

1. inteligente
2. desinteresado
3. contento
4. modesto
5. sonriente
6. hábil
7. frugal
8. valiente
9. antipático
10. tacaño

3. Busca en el texto palabras relacionadas con cada grupo:

las gallinas	el tiempo	las personas

Produzco

1. Cambia el texto, los adjetivos y las expresiones para que digan lo contrario.
Poca gente piensa que las gallinas son todas diferentes, diferentes e inteligentes…

2. Redacta un texto en el que comparas el comportamiento de un animal con las personas.

Para leer (texto para la segunda unidad)

Leo

En Carabanchel, que es mi barrio, todo el mundo me conoce por Manolito **Gafotas**. Todo el mundo que me conoce, claro. Los que no me conocen no saben ni que llevo gafas desde que tenía cinco años.

Me pusieron Manolito por el camión de mi padre, y al camión le pusieron Manolito por mi padre, que se llama Manolo. A mi padre le pusieron Manolo por su padre, y así hasta el principio de los tiempos. O sea, que por si no lo sabe Steven Spielberg, el primer dinosaurio velociraptor se llamaba Manolo, y así hasta nuestros días. Hasta el último Manolito García, que soy yo, **el último mono**. Así es como me llama mi madre en algunos momentos cruciales, y no me llama así porque sea una investigadora de los orígenes de la humanidad. A mí me fastidia que me llame *el último mono*, y a ella le fastidia que en el barrio me llamen *el Gafotas*. Está visto que nos fastidian cosas distintas, aunque seamos de la misma familia.

A mí me gusta que me llamen *Gafotas*. En mi colegio, que es el Diego Velázquez, todo el mundo que es un poco importante tiene un **mote**. Antes de tener un mote yo lloraba bastante. Desde que soy Manolito Gafotas, insultarme es una pérdida de tiempo. Lo mismo le pasaba a mi amigo el **Orejones** López; desde que tiene su mote, ahora ya nadie **se mete** con sus orejas.

Adaptado de Elvira Lindo: *Manolito Gafotas*

Comprendo

1. ¿Verdadero o falso?

	V	F
1. Manolito vive en una ciudad que se llama Carabanchel.	☐	☐
2. Manolito lleva gafas desde que nació.	☐	☐
3. El padre de Manolito es camionero.	☐	☐
4. El abuelo de Manolito se llama Manolo.	☐	☐
5. Le gusta que su madre le llame *el último mono*.	☐	☐
6. A Manolito no le gusta que le llamen *Gafotas*.	☐	☐
7. Orejones López es un amigo de Manolito.	☐	☐
8. Orejones López tiene las orejas muy grandes.	☐	☐

2. Relaciona a las personas con su nombre.

1. Diego Velázquez	**a.** El mejor amigo de Manolito Gafotas.
2. Manolo García	**b.** Pintor español (da nombre al colegio de Manolito).
3. Orejones López	**c.** La autora del libro titulado *Manolito Gafotas.*
4. Steven Spielberg	**d.** Director de cine estadounidense.
5. Elvira Lindo	**e.** El padre de Manolito.

3. Localiza en el texto las palabras marcadas que corresponden a estas definiciones.

1. La persona menos importante de un grupo.
2. Persona que lleva gafas, en general, grandes.
3. Un sobrenombre cariñoso o de insulto que se le da a una persona.
4. Es una forma de llamar a alguien que tiene las orejas muy grandes.
5. Insultar a una persona, atacarla.

4. Busca en el texto las cinco palabras que no conoces y busca su significado en el diccionario o en Internet.

Aprendo

1. Los apelativos o motes suelen hacer referencia exagerada a un rasgo. Observa las fotos. ¿A cuál crees que corresponde cada mote?

Gafotas | Orejones | Narizotas | Ojazos

1 

2 

3 

4 

2. Fíjate en las terminaciones de los motes y combínalas para formar nuevos motes, como en el ejemplo.

Gafas > gafotas, gafones, gafazas.

Produzco

1. ¿Por qué te pusieron el nombre que tienes?
2. Escribe un texto, como el de Manolito Gafotas, hablando de ti o de un amigo (real o inventado) que tenga un mote.

Para leer (texto para la tercera unidad)

Leo

«Buenas noches, don Pedro. Perdone que le llame a estas horas, pero es para decirle que hoy me he pasado todo el día haciendo las entrevistas a los candidatos que se presentaron para el puesto de representante. Mañana a primera hora le mandaré por mensajero un informe con el resumen de todas ellas. (…) Se presentaron doce. Hace tan solo un poco que he acabado con el último. (…) Pues si quiere que se lo adelante ya, en mi opinión, hay un candidato ideal para el puesto. (…) Sí, y tanto que me alegro. Que este es oficio para el que no es fácil encontrar personas idóneas. (…) Es que algún problema sí que hay. Por eso le llamaba. Para consultarle. (…) Verá, no sé cómo decírselo. Pero es que me he encontrado un poco extraño mientras hablaba con el último candidato. (…) Mire, la cosa ya no empezó de manera normal. Le dije por teléfono que le recibía a las cuatro, y él insistió en venir a las ocho, cuando ya va el día vencido. (…) Sí, ya sé que eso no es nada raro. A lo mejor tiene otro trabajo y no quiere faltar una tarde a él. (…) Pero es que después, ya en el despacho, me ha pedido que cierre las persianas, que le molestaba la poca luz que entraba. Y de verdad que debe ser cierto que le molesta, que estaba pálido; sin ánimo de ofender, como cualquiera de nuestros clientes. (…) ¡Claro que hay de todo entre nuestros clientes, don Pedro! Es que no me he explicado bien. Me refiero a los difuntos, a los que ocupan nuestros ataúdes. (…) Sí, amable sí que lo es, y bastante. Se le nota que es de buena familia. Incluso me ha hablado de un conde que ha habido en su familia, o algo así. (…) ¡No, qué va! Ha dicho que está dispuesto a cobrar algo menos, con la condición de que le dejemos dormir en el almacén. Al parecer, está acostumbrado a dormir en sitios así. (…) ¿Y por qué me pregunta por su ropa, don Pedro? Pues mire, va todo de negro, salvo el forro de la capa, que es rojo. Porque trae una capa, ¿sabe?, de esas tan elegantes que aún llevan algunos de esos personajes que salen en las revistas. (…) ¡Sííí! Pero ¿cómo sabe usted eso, don Pedro? ¡Justo como usted dice! Tiene dos dientes algo más largos, que bien se le ven cuando se sonríe. Ya me han llamado a mí la atención, no se crea. (…) ¿Acento extranjero? Pues ahora que lo dice... Habla bien nuestra lengua, pero la verdad es que tiene un deje... Me ha dicho que ha pasado una temporada en... Checoslovaquia o Rumania... No me acuerdo bien... (…) Sí, anda por el almacén. Me ha dicho que quería ver los ataúdes que fabricamos. Yo, por mí, la verdad es que ya apalabraba hoy con él lo del empleo. (…) ¡No me llame esas cosas, don Pedro! Yo ya sé que muy listo no soy, pero tampoco es para ponerse así conmigo. (…) ¡¡Un vampiro!! ¿Y dice que atacan por la noche? ¿Que clavan los dientes en el cuello y luego chupan la sangre? ¡Por eso miraba tanto hacia mi cuello! (…) ¡Don Pedro! ¡Que se ha ido la luz! No veo nada... ¿Sigue usted ahí, don Pedro?... ¡Están abriendo la puerta! ¡Hay una sombra! ¡Ahora veo el rojo de la capa!... ¡Don Pedr...! CLICK».

Adaptado de Agustín Fernández Paz:
Cuentos por palabras, «El caso del extraño empleado»

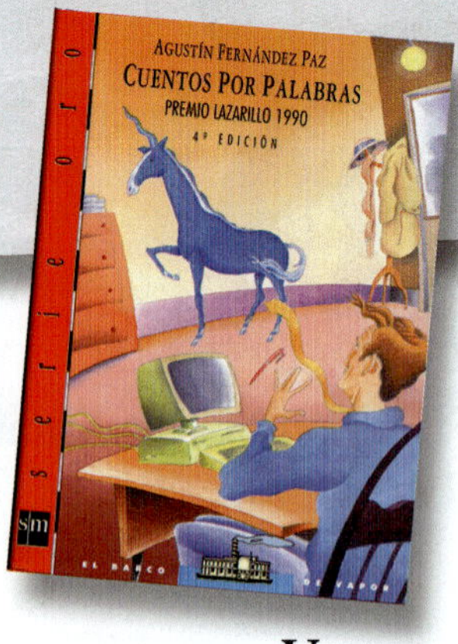

Comprendo

1. ¿Verdadero o falso?

	V	F
1. Don Pedro es el jefe de la empresa.		
2. Don Pedro ha hecho las entrevistas.		
3. La empresa fabrica ataúdes.		
4. El aspecto y la ropa del último candidato eran normales.		
5. El candidato quería dormir en el almacén de la empresa.		
6. El vampiro es de España.		

2. Contesta a las preguntas.

1. ¿Cuántos candidatos se presentaron para el puesto de representante?
2. ¿A qué hora quería tener la entrevista el último candidato?
3. ¿Cómo era el candidato?
4. ¿A qué se dedica la empresa?
5. ¿Dónde quería dormir el candidato?

Aprendo

1. ¿Conoces el significado de estas palabras? Busca la imagen correspondiente.

a. capa **b.** ataúd **c.** dientes largos **d.** vampiro **e.** sombra

1 

2 

3 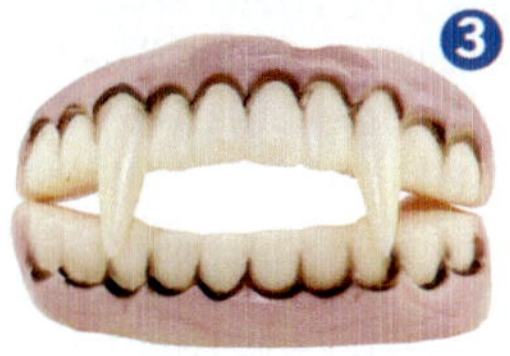

4 

5 

2. Lee estas frases sacadas del texto y sustituye las palabras marcadas por estas otras.

a. adecuadas **b.** compradores **c.** ganar menos dinero **d.** oficina
e. posibles nuevos trabajadores **f.** preguntarle **g.** resumen escrito **h.** reuniones **i.** trabajo

1. Hoy me he pasado todo el día haciendo las **entrevistas** a los **candidatos**.
2. Se presentaron doce para el **puesto** de representante.
3. Mañana a primera hora le mandaré un **informe**.
4. Este es oficio para el que no es fácil encontrar personas **idóneas**.
5. Es que algún problema sí que hay. Por eso le llamaba. Para **consultarle**.
6. Ya en el **despacho**, me ha pedido que cierre las persianas.
7. Estaba pálido como cualquiera de nuestros **clientes**.
8. Ha dicho que está dispuesto a **cobrar algo menos**.

Produzco

1. El texto reproduce una conversación por teléfono. Imagina y escribe lo que dice don Pedro.
2. Piensa en un personaje de cómic e imagina una entrevista.

Para leer (texto para la cuarta unidad)

Leo

El ecologista se adelantó levantando los brazos.
—¿Sabéis lo que coméis? —dijo. Y sus ojos se movieron de un lado a otro para contemplar a todos los niños.
—¡Yo os voy a decir lo que coméis! —y sus ojos, a través de las gafas, se movían como reflectores en un campo de fútbol—. ¡Coméis basura!
Después hizo un gesto a su compañera y esta vertió en el suelo el contenido de una bolsa de basura.
Salieron bollos envueltos en plástico, napolitanas rellenas, chicles en forma de estrella, cañas de chocolate...
¡Todo, todo lo que más les gustaba!
La cosa empezó a animarse cuando los ecologistas sacaron un proyector con diapositivas.
Aquello era como ver la tele. Pero, cuando vieron que la profesora solo mostraba imágenes de vacas y lechugas y platos de arroz integral, comenzaron a aburrirse.
Los comentarios de los ecologistas cada vez los asustaban más.
Todo aquello que les gustaba, las *pizzas*, las hamburguesas, las napolitanas y las chocolatinas, estaba lleno de porquerías y grasa animal.
Los niños salieron del colegio abatidos; María fue la primera en hablar.
—¡Ellos sí que comen basura, puaf! Y además... —sentenció—, nada de lo que dicen sale anunciado en la tele... ¡Nada!
—Bueno, la leche, sí —dijo el niño que había comido el bocadillo de jamón.
Según los ecologistas, el yogur se hacía con leche.
—¡No volveré a tomar un yogur en la vida! —gritó María levantando los brazos.
Para quitarse el sabor (el mal sabor) de la conferencia vegetariana, comieron muchas golosinas.
Estaban tumbados en una zona de hierba, cerca de un descampado.
—Ay, me duele la tripa —dijo alguien.
—A mí también. Creo que he comido demasiadas chucherías.
María se apretaba el estómago. Realmente se sentía mal.
Contemplaron la basura que había junto a ellos, restos de alguna excursión: latas de sardinas, botes de bebidas, periódicos rotos y el envase vacío de un yogur.
Un niño le dio una patada al yogur, lanzándolo unos metros más lejos.
—¡Estúpidos! —dijo el yogur.
María no estaba segura de haber oído bien.
Pero era cierto, alguien hablaba.
Se acercó y miró.
El yogur, de un salto, se había subido a un mueble que estaba abandonado entre la basura.
—Pero... ¿de verdad eres un yogur? —se atrevió a preguntar la niña.
Todos los niños se habían acercado y contemplaban asombrados la escena.
—Es... un... yogur que habla —dijo alguien.
—¡Que habla y escucha! —contestó el yogur, que al parecer tenía muy mal carácter—. ¡Mira que no saber que a los yogures nos hacen con leche! ¡Estúpidos!
—Yo creía que veníais de los supermercados.
—Yo, de la tele...
—Pero... cuidado que sois... ¡ESTÚPIDOS! —la palabra *estúpido* no se le caía de la boca.

Adaptado de Juan Carlos Eguillor: *Operación Yogur*

Comprendo

1. ¿Verdadero o falso?

	V	F
1. La presentación de los ecologistas trata de la alimentación sana.		
2. Los dos ecologistas son hombres.		
3. Las napolitanas y las cañas de chocolate son bollos.		
4. A los niños les gustaban las comidas saludables.		
5. Las *pizzas* y las hamburguesas no tienen grasa animal.		
6. A los niños no les pasa nada después de comer muchas golosinas.		
7. El yogur parlante está muy enfadado con ellos.		

2. Ordena la historia.

a. ☐ Los niños se sienten mal y tienen dolor de estómago.
b. ☐ Los ecologistas hablan en clase sobre la alimentación sana.
c. ☐ Un yogur empieza a hablarles.
d. ☐ A los niños no les gusta nada la presentación y deciden comer muchas chucherías.
e. ☐ Se tumban en la hierba, al lado de un montón de basura en el suelo.

Aprendo

1. Escribe la definición de las siguientes palabras (puedes usar el diccionario).

Ecologista: ....
Basura: ....
Porquería: ....

2. Relaciona las imágenes con los nombres.

a. polo **b.** caramelos **c.** gominolas **d.** bollos **e.** bombones

❶

❷

❸

❹

❺

Produzco

1. Sigue la historia. ¿Qué crees que ocurre después de hablar con el yogur?
2. ¿Tú sigues una dieta saludable? Propón a tus compañeros un menú sano.

Para leer (texto para la quinta unidad)

Leo

Cuando Georges se va, me encierro en mi cuarto a escribir. Es que yo, si alguien me gusta —o me disgusta profundamente—, le ficho.

Stevenson, Georges.
Edad: 17 (va retrasado).
Altura: 1,80.
Peso: poco.
Pelo: castaño muy claro, con mucho flequillo.
Ojos: grises fantásticos.
Nació en Nueva York, pero por casualidad. Porque sus padres son diplomáticos —ingleses— y se pasan la vida dando vueltas por el mundo.
Poliomielitis de pequeño. Un pie más grande que el otro. Camina con dificultad, pero puede hacer casi todo. Deportes violentos no, claro. Su padre es diplomático.
Ha vivido en Inglaterra, en Suecia y en Italia. Habla tres idiomas. (¡Jo!)
Como a mí, lo que más le gusta es la literatura.
Le gusta la música clásica, sobre todo Mozart y Vivaldi, y de «la otra», James Taylor, Armstrong y Queen. Le horrorizan los conjuntos muy, muy de moda, como a mí.
¿Seremos hermanos espirituales?

Me encuentro muy rara. A mí me han gustado cantidad de chicos, pero esto es distinto.
Me miro al espejo:
Soy alta y gorda, ya lo he dicho, pero es que me obsesiona.
El pelo, pues eso, superfuerte, superhinchado, rizado, indomable y hórrido.
Tengo la mar de pecas.
Los ojos, bastante bien: verdes, pero las pestañas claras, y mi madre no me deja darme rímel.
La nariz, corriente, medio chata.
La boca grande, los dientes grandes, pero —por lo menos— muy blancos.
Es deprimente; lo que es por guapa, ya sé que no le voy a gustar…
¿Y si hago régimen?
Mañana empiezo.
Ahora me voy a cenar. ¿Habrá quedado arroz con leche? (…)

Son las cinco menos un minuto. Bajo los escalones de dos en dos.
Por fin, el pelo me lo he atado en cola de caballo porque después de lavármelo se me ha disparado en todas direcciones, como la melena de una leona, y encima con ese color que tengo, que no es rubio, ni castaño, ni pelirrojo, ni nada.
Suzy se ha apiadado de mí y me ha prestado su jersey verde nuevo y una cinta de terciopelo marrón para la coleta.
La falda es marrón, heredada, claro, pero bonita. Tiene un zurcido, pero no se nota mucho.
No sabía si ponerme medias o calcetines. Todavía no me decido a dejarlos —los calcetines— porque las medias son un latazo.
—¿Qué hago, qué hago? —vociferaba yo en medio del pasillo.
—¿Qué haces con qué? —Pedro abriendo la puerta de su cuarto.
—¿Calcetines o medias? —yo al borde de la histeria, porque me horroriza llegar tarde.
—Tú, mejor, calcetines. Además hace muy moderno. A los americanos les chiflan los calcetines. Y los americanos son la mar de modernos. Y deja de chillar, por lo que más quieras, que estoy estudiando resistencia de materiales y no me concentro.
Llego al portal y Georges Stevenson está apoyado en la pared. No es un sueño. Y sigue teniendo los mismos ojos.

Adaptado de Asun Balzola: *La cazadora de Indiana Jones*

Comprendo

1. ¿Verdadero o falso?

	V	F
1. A Christie no le gusta Georges.		
2. Georges tuvo una enfermedad de pequeño.		
3. Georges nació y siempre vivió en España.		
4. A los dos les gusta la literatura, la música clásica y el *rock*.		
5. Christie siempre va a la moda y se ve a sí misma muy guapa.		
6. Georges y Christie tienen una cita a las 4.		
7. Christie tiene dos hermanos, Suzy y Pedro.		
8. Christie se prepara tranquilamente para su cita con Georges.		

2. ¿Cómo son? Describe a los dos personajes.

	Christie	Georges
edad		
pelo		
ojos		
estatura		
peso		
gustos		
otros datos de interés		

Aprendo

1. Busca en el texto las expresiones (azules) y relaciónalas después con su significado (naranjas).

1. Fichar a alguien
2. Dar vueltas por el mundo
3. ¡Jo!
4. Encerrarse en...
5. Hermanos espirituales
6. Hacer régimen
7. Pasarse la vida + *gerundio*

a. Hacer dieta
b. Estar solo en...
c. Expresión de asombro o de disgusto
d. Tomar nota, fijarse en alguien
e. Hacer siempre
f. Almas gemelas
g. Viajar mucho de un país a otro

Produzco

1. Haz un retrato robot de ti mismo.

2. Entrevista a uno de tus compañeros para obtener los siguientes datos: nombre, edad, lugar de nacimiento, estudios, lenguas que habla, estatura, peso, color de pelo, ropa, gustos…

Para leer (texto para la sexta unidad)

Leo

26 DE JUNIO

(…) Leo y yo no tenemos pasta y se nos ha ocurrido un plan: vender cosas viejas. Mañana es sábado y vamos a montar una parada en el parque. Hay gente que se muere por las cosas viejas, ¿no? Entre los dos tenemos un montón de cosas viejas, algunas incluso casi nuevas y aprovechables.
A ver qué pasa.

27 DE JUNIO

Nuestra experiencia como vendedores ha sido desastrosa. Y con lo que hemos currado... Primero cargar con todas las cosas, juguetes rotos, ropa, libros, videojuegos antiguos... Yo reconozco que había un par de camisetas mías que viejas, viejas, lo que se dice viejas, no eran, pero es que no me gustan. Leo ha hecho lo mismo con un jersey, algunos calzoncillos y unos pantalones. O sea que esa parte de la mercancía era nueva. Los videojuegos funcionaban y a los libros no les faltaba ninguna página. El resto de juguetes... pues eso, juguetes de cuando éramos pequeños. Algunos muy reutilizables.
Segundo, montar la parada, con una tabla puesta sobre cuatro ladrillos que hemos cogido de una obra cercana. Había muchos, y además pensábamos devolverlos. ¿Para qué íbamos a querer cuatro ladrillos? Pero como los mayores no te dejan hablar...
Tercero, hemos colocado lo mejor encima, porque todo no cabía, y nos hemos puesto a dar voces, para llamar la atención. Aquí ha venido ya el lío. En menos de diez minutos... Un chico se ha empeñado en ver si uno de los videojuegos funcionaba. No tenía modo de demostrárselo, porque no llevamos la videoconsola, y entonces nos ha dicho que no éramos de fiar. Una chica (enana, de 7 u 8 años) ha cogido un libro y se ha quejado de que estaba subrayado. Otra ha dicho que los juguetes daban asco de rotos que estaban. Hemos empezado a discutir y yo, amablemente, he pedido a los que no iban a comprar nada que se aparten, para dejar paso a otros clientes. ¿Se han ido? No. Han dicho que el parque era libre y se quedaban. Aún más amablemente, por eso que dicen que «el cliente siempre tiene razón», hemos insistido, y ellos y ellas, que eran más, han dicho que éramos unos ladrones porque encima lo queríamos vender todo más caro que en las tiendas.

Adaptado de Jordi Sierra i Fabra: *Diario de un pardillo*

Comprendo

1. ¿Conoces el significado de estas palabras? Busca la imagen correspondiente.

a. libro subrayado **b.** camiseta **c.** juguetes **d.** calzoncillos **e.** videoconsola

1 

 2

 3

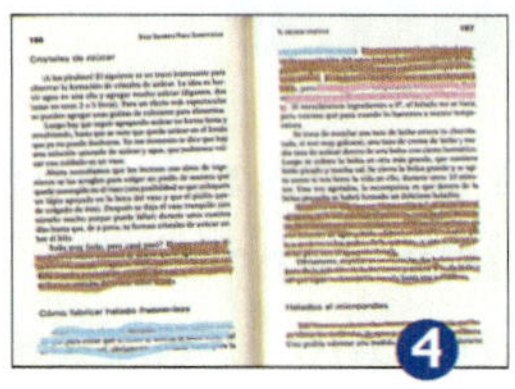 4

 5

2. Elige la respuesta correcta.

1. Quieren vender las cosas viejas:
a. en un mercadillo.
b. en el parque.
c. en Internet.

2. Entre las cosas que vendían había:
a. algunas prendas y videojuegos rotos.
b. ropa y libros de sus padres.
c. juguetes rotos, ropa, libros y videojuegos.

3. Los chicos tienen conflicto con:
a. los clientes y sus padres.
b. un policía y un señor que pasea a su perro.
c. los clientes.

4. Las quejas de los clientes son:
a. que los libros están rotos y caros.
b. que no se puede probar los videojuegos.
c. que los juguetes son antiguos.

3. Contesta a las preguntas.

1. ¿Por qué deciden vender los chicos las cosas que no necesitan?
2. ¿Por qué creen que pueden vender las cosas viejas?
3. ¿Cómo era la mercancía?
4. ¿Cómo han montado el puesto para vender?
5. ¿Qué problemas tienen en el parque?

Aprendo

1. Lee estas frases sacadas del texto y sustituye las palabras marcadas por estas otras.

a. pequeña **b.** dinero **c.** hemos trabajado **d.** gritar
e. puesto **f.** problema **g.** no valían nada

1. Leo y yo no tenemos **pasta** y se nos ha ocurrido un plan.
2. Mañana es sábado y vamos a montar **una parada** en el parque.
3. Y con lo que **hemos currado...**
4. Nos hemos puesto a **dar voces**, para llamar la atención.
5. Aquí ha venido ya el **lío**. En menos de diez minutos...
6. Una chica (**enana**, de 7 u 8 años) ha cogido un libro.
7. Otra ha dicho que los juguetes **daban asco de rotos que estaban**.

Produzco

1. ¿Has vendido alguna vez algo viejo que ya no necesitabas? Cuenta tu experiencia.
2. Imagina la conversación entre los chicos y...
a. la niña
b. el hombre de la obra

Gramática

LOS VERBOS EN PRESENTE

	HABLAR	COMER	ESCRIBIR
(yo)	hablo	como	escribo
(tú)*	hablas	comes	escribes
(él, ella, usted)	habla	come	escribe
(nosotros, nosotras)	hablamos	comemos	escribimos
(vosotros, vosotras)	habláis	coméis	escribís
(ellos, ellas, ustedes)	hablan	comen	escriben
* (vos)	hablás	comés	escribís

	SER	TENER	VER	HACER	JUGAR	VENIR
(yo)	soy	tengo	veo	hago	juego	vengo
(tú)*	eres	tienes	ves	haces	juegas	vienes
(él, ella, usted)	es	tiene	ve	hace	juega	viene
(nosotros, nosotras)	somos	tenemos	vemos	hacemos	jugamos	venimos
(vosotros, vosotras)	sois	tenéis	veis	hacéis	jugáis	venís
(ellos, ellas, ustedes)	son	tienen	ven	hacen	juegan	vienen
* (vos)	sos	tenés	ves	hacés	jugás	venís

	LEVANTARSE	SALIR	IR	VOLVER	EMPEZAR	VESTIRSE
(yo)	me levanto	salgo	voy	vuelvo	empiezo	me visto
(tú)*	te levantas	sales	vas	vuelves	empiezas	te vistes
(él, ella, usted)	se levanta	sale	va	vuelve	empieza	se viste
(nosotros, nosotras)	nos levantamos	salimos	vamos	volvemos	empezamos	nos vestimos
(vosotros, vosotras)	os levantáis	salís	vais	volvéis	empezáis	os vestís
(ellos, ellas, ustedes)	se levantan	salen	van	vuelven	empiezan	se visten
*(vos)	te levantás	salís	vas	volvéis	empezás	te vestís

EL VERBO «GUSTAR»

(A mí)	me		
(A ti, vos)	te	gusta	el cine/la música/leer
(A él, ella, usted)	le		
(A nosotros, nosotras)	nos		las fresas
(A vosotros, vosotras)	os	gustan	los perros
(A ellos, ellas, ustedes)	les		

Acuerdo
- Me gustan los perros. • A mí también.
- No me gusta leer. • A mí tampoco.

Desacuerdo
- Me gustan los perros. • A mí no.
- No me gusta leer. • A mí sí.

EXPRESAR LA OPINIÓN

A mí me parece	(+ MUY)	feo/a ≠ bonito/a fácil ≠ difícil bien ≠ mal pequeño/a ≠ grande interesante ≠ aburrido agradable
	~~(MUY)~~	estupendo/a, fantástico/a, increíble, genial, fatal, horrible

PRETÉRITO PERFECTO SIMPLE

	HABLAR	COMER	ESCRIBIR
(yo)	hablé	comí	escribí
(tú, vos)	hablaste	comiste	escribiste
(él, ella, usted)	habló	comió	escribió
(nosotros, nosotras)	hablamos	comimos	escribimos
(vosotros, vosotras)	hablasteis	comisteis	escribisteis
(ellos, ellas, ustedes)	hablaron	comieron	escribieron

	JUGAR	LEER	ESTAR	HACER	IR	VER
(yo)	jugué	leí	estuve	hice	fui	vi
(tú, vos)	jugaste	leíste	estuviste	hiciste	fuiste	viste
(él, ella, usted)	jugó	leyó	estuvo	hizo	fue	vio
(nosotros, nosotras)	jugamos	leímos	estuvimos	hicimos	fuimos	vimos
(vosotros, vosotras)	jugasteis	leísteis	estuvisteis	hicisteis	fuisteis	visteis
(ellos, ellas, ustedes)	jugaron	leyeron	estuvieron	hicieron	fueron	vieron

	DAR	TENER	PODER	PONER	MORIR
(yo)	di	tuve	pude	puse	morí
(tú, vos)	diste	tuviste	pudiste	pusiste	moriste
(él, ella, usted)	dio	tuvo	pudo	puso	murió
(nosotros, nosotras)	dimos	tuvimos	pudimos	pusimos	morimos
(vosotros, vosotras)	disteis	tuvisteis	pudisteis	pusisteis	moristeis
(ellos, ellas, ustedes)	dieron	tuvieron	pudieron	pusieron	murieron

VERBOS EN PRETÉRITO PERFECTO COMPUESTO

PRETÉRITO PERFECTO COMPUESTO

	El verbo haber	+ el participio
(yo)	he	
(tú, vos)	has	
(él, ella, usted)	ha	viajado
(nosotros, nosotras)	hemos	leído
(vosotros, vosotras)	habéis	salido
(ellos, ellas, ustedes)	han	

PARTICIPIOS IRREGULARES

abrir	abierto
poner	puesto
decir	dicho
romper	roto
ver	visto
escribir	escrito
volver	vuelto
hacer	hecho

Transcripciones

Pista 1
- ¿Ya tienes el horario?
- Sí, tengo clase de Matemáticas a primera hora todos los días, menos los viernes. Los viernes a las 8:30 tengo Inglés.
- ¿Te gusta la clase de Tecnología?
- Sí, me encantan los ordenadores y hacer proyectos. A ver, tengo clase de Tecnología los martes y jueves a última hora.
- A mí me encanta la clase de Historia.
- ¿Historia?, qué aburrido, tengo Historia dos veces a la semana, el miércoles y el viernes a las 12.
- ¿Y no tienes Lengua?
- Claro, todos los días a las 9:30.
- ¿Entonces el recreo es a las 11?
- No, a las 11 termina, dura media hora.

Pista 2
Pedro: ¿Qué te parecen los nuevos compañeros de clase?
Lola: Que son muy diferentes. Cada uno tiene su estilo y su personalidad.
Pedro: ¡Es verdad!
Lola: Mara siempre va con ropa de color negro y me gusta, me parece muy elegante. Hoy lleva una falda corta muy bonita, y una camiseta también negra. ¿No te gusta?
Pedro: Pues a mí no. A mí me gusta el estilo de Pablo, con muchos colores: morado, rojo, naranja... Me parece muy alegre y divertido. ¿A ti no te gusta?
Lola: No, a mí no me gusta. Yo prefiero el estilo de Elisa. Siempre lleva ropa moderna y muy elegante. Hoy lleva un jersey rosa muy bonito. Me gusta mucho su estilo, ¡y el color rosa!
Pedro: Sí, tienes razón. A mí también me gusta.

Pista 5
La madre: ¿Borja?
Borja: ¡Sí!
La madre: Necesito cosas para la casa y la cena, ¿puedes ir a comprar?
Borja: ¿Ahora?
La madre: Sí, ahora.
Borja: Vaaaaale…
La madre: A ver, necesito una caja de aspirinas…, un paquete de pan de molde…, una bandeja de champiñones pequeña y una lata de guisantes.
Borja: Vale.
La madre: Espera… También 100 gramos de queso y 200 gramos de jamón de York, un kilo de naranjas y un *tetra-brick* de zumo de naranja para la abuela. Toma, 30 euros.
Borja: ¿Compro bollos de chocolate?
La madre: No, hay una bolsa en el armario.

Pista 6
1. - Está echo de papel y sirve para escribir notas.
   - ¿Es un *post-it*?
   - Sí, correcto. Ahora tú.
2. - A ver… Es de metal y de tela. Sirve para cerrar.
   - Huy, no sé.
   - Se usa para ponerlo en los pantalones o en las cazadoras.
   - ¿De metal y tela, para cerrar la ropa…? ¡Es una cremallera!
   - Correcto.

Pista 7
- ¿Qué tal la semana, María?
- Un poco mal, la verdad, Pablo. El lunes perdí el autobús para ir al instituto.
- ¿Y qué hiciste para no llegar tarde?
- Fui al instituto en patinete. Uff, y casi no llego, llegué justo en punto.
- ¿En patinete? Pues yo anteayer me caí del patinete y me rompí los pantalones.
- Jo, Pablo, qué vergüenza. ¿Y qué hiciste?
- Pues corté los pantalones y me hice unos pantalones cortos un poco raros.
- Ja, ja, ja.
- Pues a mí ayer me pasó algo horrible.
- ¿Qué te pasó, Carlos?
- Mi perro se comió el *pendrive* donde grabé el trabajo de Historia.
- ¿De verdad?
- Pues sí, tuve que trabajar toda la noche para hacer el trabajo de nuevo.

Pista 9
- Hola, Lucía. ¿Qué tal el fin de semana?
- Pues un poco raro.
- ¿Y eso?, ¿qué te pasó?
- Bueno, al principio, todo genial porque mi madre me llevó al concierto de Justin Bieber el sábado pasado.
- ¿De verdad? Jo, qué suerte. ¿Dónde fue el concierto?
- En el estadio del Real Madrid.
- ¿En el Bernabéu? ¿Y qué tal?
- Pues todo fue muy bien… al principio. Pero luego Justin empezó a dar saltos y a correr por el escenario y se cayó.
- Oh, no, ¡qué horror!
- Pues sí, se cayó y se rompió una pierna y entonces suspendieron el concierto, claro.

Pista 11
1. Ha sido un viaje increíble. Por fin he subido a la Estatua de la Libertad. Es altísima.
2. Lo he pasado muy bien. He visitado muchos museos y he tomado tapas buenísimas. A mi madre le ha gustado mucho el Prado.
3. Este verano he aprendido a bailar tango y he esquiado en Bariloche.

4. He visto a los personajes de la película de Disney y la Torre Eiffel sin salir de Europa. Ha sido muy divertido.

Pista 12

En el instituto hoy nos hemos ido de excursión a la sierra. Me he levantado muy temprano, a las seis y media, porque la reserva natural está a doscientos kilómetros. El autocar ha salido a las 7. Hemos llegado casi a las 9. Allí, hemos desayunado en el restaurante del centro de interpretación de la reserva. Hemos visitado el centro hasta las 12. Nos han hablado de la vegetación y geografía de la sierra. A las 12 hemos llegado al parque natural y hemos buscado plantas para completar el trabajo de Ciencias. A las dos hemos comido unos bocadillos al aire libre. Por la tarde nos hemos bañado en el río. Hemos regresado a la ciudad cerca de las 9. Cuando he llegado a casa, casi a las nueve y media, estaba cansadísimo, pero he tenido que hacer los deberes para mañana.

Pista 13

- ¿Dónde has estado estas vacaciones?
- He participado en la ruta Quetzal. Este año el viaje ha sido por Perú.
- ¡La ruta Quetzal! Es un viaje muy divertido. Seguro que has conocido a mucha gente.
- Sí, porque hemos pasado casi un mes juntos. He conocido a gente de todos los países. Hemos aprendido muchas cosas sobre la cultura inca con juegos y visitas a museos y a las comunidades indígenas.
- ¿Cómo os habéis movido?
- Hemos atravesado parte de Perú en autobús y, en la zona de la selva, hemos pasado dos días en barco.
- ¿También hiciste la ruta el año pasado?
- No, el año pasado estuve en Argentina con mi familia. En la ruta Quetzal, solo puedes participar una vez.
- Ah, es verdad. ¿Volaste con Iberia?
- Sí, el viaje fue un poco largo.
- ¿Y qué viste?
- Pasamos tres días en Buenos Aires. Desde ahí, hicimos una excursión de 3 días a la Patagonia y luego pasamos otros dos días en la zona de Bariloche.
- ¿Fuisteis en autobús?
- No, como Argentina es tan grande tuvimos que volar.

Pista 14

1. La llevé el año pasado cuando estuvimos en el *camping* y dormimos cuatro en ella.
2. Cuando voy a la piscina, a la playa o al río, la necesito si quiero bañarme.
3. Este año no me he puesto y he tenido problemas porque ha hecho mucho sol.
4. Es importante ponértela si vas a andar por el campo. El sol en la cabeza mucho tiempo es peligroso.
5. La he usado para llevar todas mis cosas dentro.

Pista 15

- ¿Dónde habéis estado de fin de curso?
- Hemos estado en el sur de España.
- ¿Dónde, en Málaga? ¿Habéis estado en la playa?
- No, hemos ido con los profesores de Historia y de Arte. Hemos visitado Sevilla, Córdoba y Granada para conocer el arte musulmán de Andalucía.
- ¿Y no ha ido ningún padre?
- Sí, uno, el padre de Luis.
- ¿Habéis ido en autobús entonces?
- No, hemos ido en tren porque es más cómodo y rápido.
- Ah, ¿y lo habéis pasado bien?
- Sí, muy bien, porque hemos visto muchos sitios preciosos, pero además hemos conocido a los chicos de otros institutos y nos han organizado algunas actividades y fiestas. Al final ha sido corto.
- ¿Cuánto tiempo ha durado el viaje?
- Una semana.

Pista 16

- ¿Sabíais que es colombiana?
- Claro, es de Barranquilla.
- Es guapísima.
- Qué diferente era antes, era morena y estaba más gordita. Ahora es rubia.
- Sí, ella siempre dice que de joven no le importaba nada la apariencia física.
- Pero era muy guapa antes también. A los trece años era modelo y trabajaba como camarera.
- En aquella época vivía en Bogotá y le gustaba mucho bailar.
- Yo he leído que de adolescente era muy exigente y muy perseverante, por eso ha llegado a ser tan famosa.
- ¿Sabíais que a los dos años hablaba ya perfectamente?

Pista 18

1. Era abril, tenía un partido, por eso estaba nervioso, y de pronto, justo antes de entrar al polideportivo noté que no tenía las zapatillas en mi mochila. Menos mal que mi madre estaba conmigo y fue a casa a recogerlas y pude jugar.
2. Un día pasé mucho miedo: hacía muchísimo calor y, en mitad de la noche, llamaron por teléfono, estaba muerta de sueño, pensé: «Algo malo ha pasado», y me asusté mucho porque mis padres no estaban.
3. Ese día hacía muchísimo frío, yo estaba en cama resfriada, estaba con mi hermana y de repente oímos un ruido. Entraron unos ladrones, pero como nos vieron se fueron de nuevo. ¡Vaya susto!

Pista 19

1. Para ser un buen médico es importante conocer bien el cuer-

Transcripciones

po humano y tener un buen trato con las personas.
2. Para ser músico es importante saber tocar bien un instrumento, saber mucha música y ser creativo.
3. Para ser electricista es importante ser habilidoso con las manos, ser prudente y estudiar bien la electricidad.
4. Para ser psicólogo es importante ser tranquilo, escuchar a los demás, tener buenas relaciones interpersonales y estudiar mucho.
5. Para ser un buen escritor es importante leer mucho, estudiar Lengua y Literatura. También es importante si te gusta estar solo y la tranquilidad.

Pista 22

¡Buenos días a todos! Hoy empezamos con la lista de las cinco profesiones más importantes. ¿Estáis preparados? Pues empezamos:
En el número cinco: Psicólogos y sociólogos. Necesarios en todas las empresas.
En el número cuatro: Profesores. Sobre todo profesores de idiomas y profesores a través de Internet.
En el número tres: Informáticos. En diferentes tipos de trabajos relacionados con ordenadores e Internet.
En el número dos: ¡Médicos! Siempre muy, muy importantes para ayudar a las personas.
Y, finalmente, en el número uno: ¡Los científicos! Para diseñar nuevos medicamentos y encontrar la solución a enfermedades y problemas medioambientales.
Ahora, además de la profesión, es necesario para conseguir un empleo: idiomas, informática y saber trabajar con otras personas.

Pista 23

Buenos días, niños. Bienvenidos a nuestro programa de radio «Verde, que te quiero verde», hoy vamos a hacer un experimento para medir la contaminación del aire.
Vamos a necesitar los siguientes objetos:
- Vaselina.
- Un vaso de plástico.
- Y una lupa.
¿Ya los tenéis?
1. Decidid el lugar donde vais a hacer el experimento. Podéis medir la contaminación en vuestra habitación, en el instituto, en el parque, etc.
2. Ahora tomad el vaso de plástico y poned vaselina en el exterior.
3. Colocad el vaso en el lugar donde queréis detectar la contaminación.
4. Dejad pasar una semana.
5. Por último, dibujad un pequeño cuadrado de medio centímetro.
6. Con una lupa contad el número de partículas que veis.
Si encontráis más de 15 partículas, ¡cuidado! Toma alguna medida para reducir la contaminación. Pero si hay más de 100 partículas: alerta, lugar contaminado. Avisa al Ministerio del Medio Ambiente. Si ves menos de 15 partículas, tranquilo, el aire está limpio.
¡Hasta el próximo programa!

Pista 24

1. - ¿Sabes cuántos litros de agua ahorras si te duchas en lugar de bañarte?
- No, ¿cuántos?
- Pues ahorras 100 litros de agua.
- ¿Y cuánto tarda un chicle en desaparecer?
- 5 años.

2. Gastamos demasiado papel, cada persona consume aproximadamente unos 150 kilos de papel al año.

3. ¿Cuántos litros crees que consume un grifo abierto?
- No lo sé.
- Consume 12 litros de agua por minuto.

4. Hay que cuidar los bosques. Si quemamos el bosque, tarda 20 años en regenerarse.

5. Los aparatos en *stand by* también consumen energía.
- Ah, ¿sí?
- Sí, consumen un 10% de la energía.
6. ¿En cuántos años crees que desaparece una botella de plástico?
- No sé, en unos 5 años, ¿no?
- No, mucho, mucho más. Tarda de 100 a 1000 años en desaparecer.

7. ¿Sabías que muchos animales mueren por las bolsas de plástico que tiramos al mar? Cada año mueren 100 millones de animales marinos.

Pista 26

- ¿Diga?
- Hola, Marta, soy Clara.
- Ah, hola, ¿qué tal?
- Todo bien, te llamo por si quieres salir al parque esta tarde.
- Uff, esta tarde no puedo, estoy estudiando. Estoy haciendo los deberes de Matemáticas para mañana.
- ¡Jo, qué pena! Y tus hermanos, ¿están en casa?
- Pues Pablo sí, está escuchando música y leyendo una novela de vampiros, ya sabes que le gusta leer con música. Y Javier está fuera, está jugando al fútbol.
- Bueno, pues nada, voy a llamar a Paula a ver si quiere venir conmigo. Hasta luego.
- Huy, pues a Paula tienes que llamarla más tarde, a estas horas siempre está durmiendo la siesta.
- Ah, vale. Hasta luego.
- Adiós, nos vemos mañana.

Cuaderno de ejercicios

Nivel 2

Belén Doblas Álvarez, Olga Morales López y Ainoa Polo Sánchez

edelsa
GRUPO DIDASCALIA, S.A.

índice

¿Cómo y cuándo trabajar con este cuaderno de ejercicios?

Está organizado en 6 unidades y, cada una, en 2 lecciones como tu libro.

Actividad de práctica con el texto de la lección. Haz los ejercicios después de leer o escuchar el texto de tu libro y después de hacer las actividades de **Comprendo.**

Conoce los objetivos y los ejercicios.

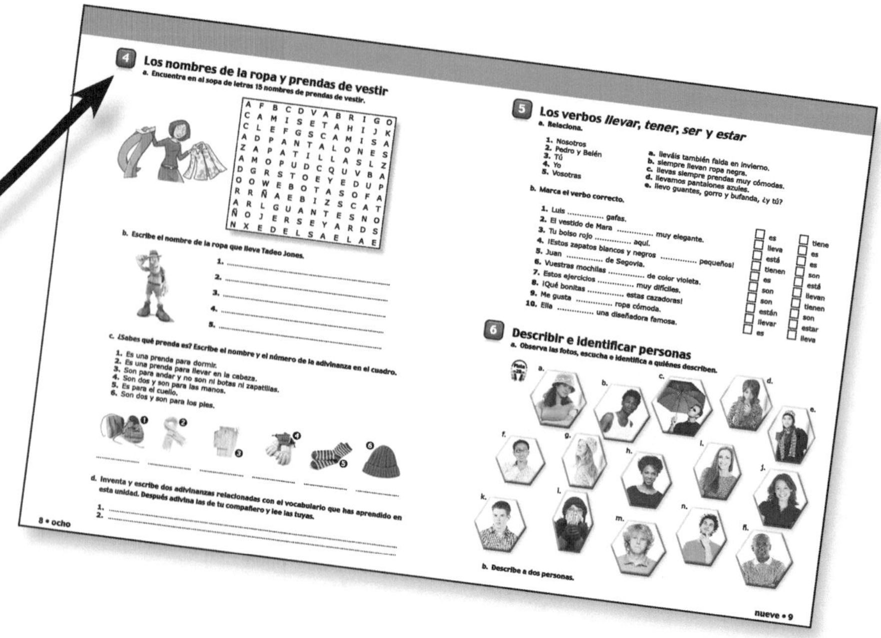

Dos páginas de ejercicios para hacerlos al mismo tiempo que **Practico y Amplío**.

Una página extra de ejercicios para hacer después de las actividades de **Educación para la ciudadanía** de tu libro.

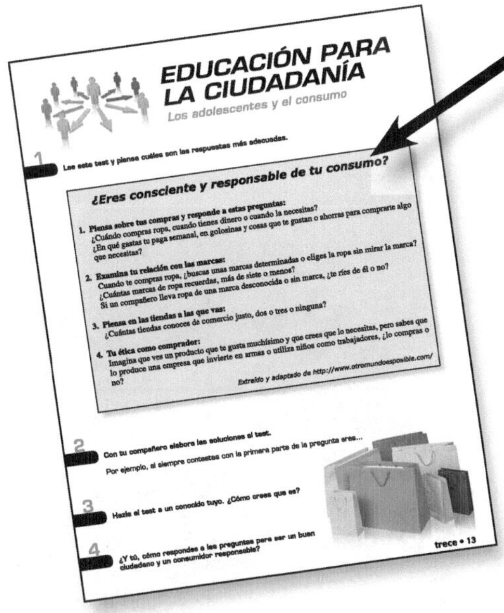

Más ejercicios para hacer después de las actividades de **Espacio Interdisciplinar** de tu libro.

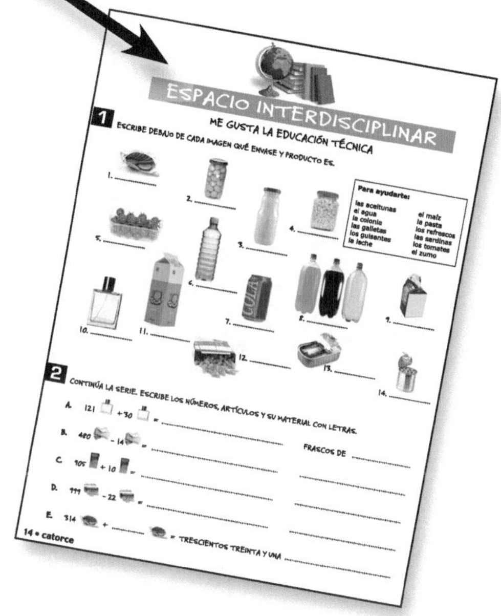

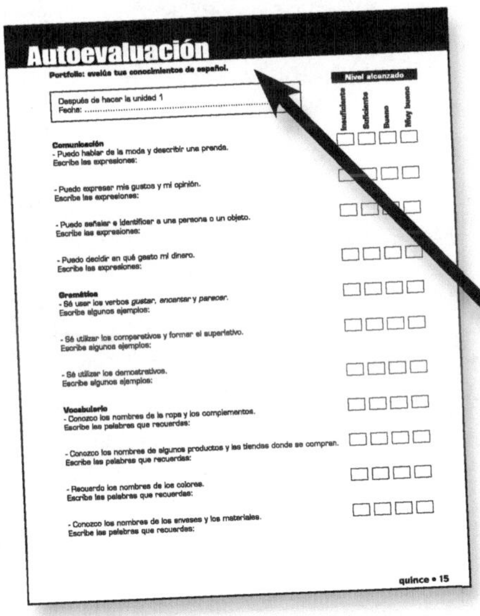

Evalúa tus conocimientos, después de hacer todas las actividades de tu libro y antes de **Preparo mi examen**.

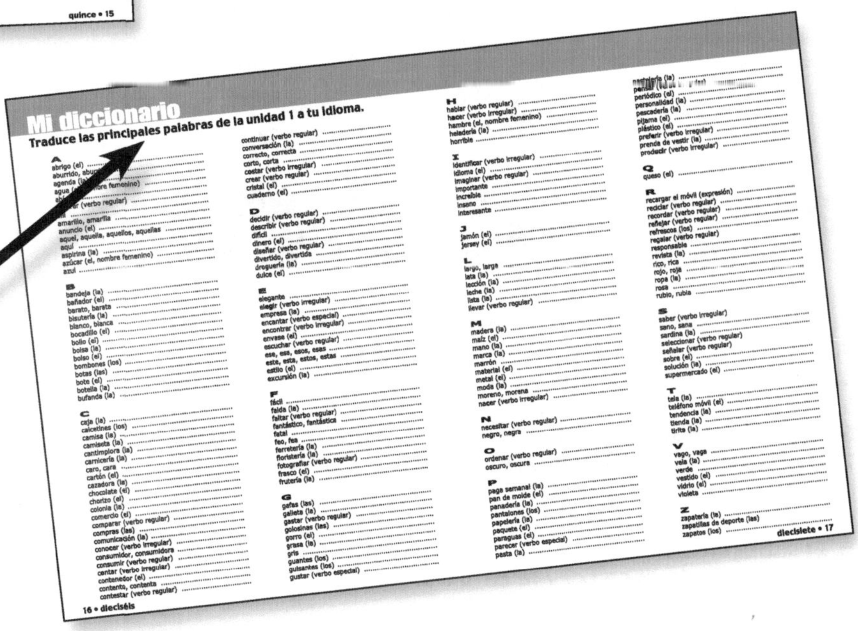

Traduce las palabras más importantes del módulo a tu lengua y apréndelas.

Crea tu estilo de moda

Unidad 1

Contenidos y actividades

1. Hablar de la moda y la personalidad.
2. Contar la historia de un diseñador de moda.
3. Los verbos para expresar opinión y gusto.
4. Los nombres de la ropa y prendas de vestir.
5. Los verbos llevar, tener, ser y estar.
6. Describir e identificar personas.
7. Preparar una excursión al bosque.
8. Los demostrativos.
9. Elegir y comparar cosas.
10. El superlativo.
11. Ortografía de la ce (c) y la zeta (z).
12. Expresar la opinión.

Lección 1 ¿Cómo nace la moda?

1 La moda y la personalidad

Relaciona las frases.

1. La ropa refleja nuestra personalidad,
2. A los jóvenes nos gusta identificarnos
3. Pero también nos gusta ser originales
4. La moda nace
5. Los diseñadores crean
6. Los cazadores de tendencias
7. Todas estas ideas

a. con un grupo.
b. de muy diferentes formas.
c. nuestra forma de ser y nuestros gustos.
d. nuevas tendencias.
e. observan y fotografían la forma en que se visten los jóvenes.
f. podemos verlas en las tiendas de moda.
g. y tener nuestro propio estilo personal.

2 Contar la historia de un diseñador de moda

Completa la biografía con las palabras y expresiones de la lista.

elegante – vive – le parece – diseño – le encanta – Su – les gustan mucho
A – diseñar – camisetas – utilizar – diseñador – de – es – todo el mundo

Jordi Labanda: un diseñador de moda

Jordi Labanda .... un ilustrador y .... de moda .... Uruguay, pero .... desde niño en Barcelona, España.

Sus .... son muy famosas en ...., pero también diseña ropa y objetos muy diferentes, como, por ejemplo, vestidos, bañadores, cazadoras, ropa interior, pijamas, bolsos, mochilas, cuadernos, libros, agendas, lápices y bolígrafos, etc. A muchas personas .... sus trabajos y puedes encontrar sus dibujos en páginas web, tiendas de todo tipo y anuncios publicitarios de televisión, revistas y periódicos.

.... estilo es el de los años 60-70, un estilo propio y muy .... y, aunque le gustan muchísimo los colores rosa, azul, rojo, negro, violeta, amarillo o verde, él prefiere .... los colores claros. .... Jordi .... la moda actual y .... muy importante .... siempre cosas nuevas, por eso su último .... ha sido este teléfono móvil.

3 Verbos para expresar opinión y gusto

Escribe las formas verbales que faltan en la tabla de verbos.

	GUSTAR	PARECER	ENCANTAR	PREFERIR
(Yo)	me gusta/n	....	....	prefiero
(Tú/vos)	....	te parece/n	te encanta/n	....
(Él/ella/usted)	le gusta/n	....	....	....
(Nosotros/as)	....	....	nos encanta/n	....
(Vosotros/as)	....	os parece/n	....	preferís
(Ellos/as/ustedes)	les gusta/n	....	....	....

4 Los nombres de la ropa y prendas de vestir

a. Encuentra en la sopa de letras 15 nombres de prendas de vestir.

A	F	B	C	D	V	A	B	R	I	G	O
C	A	M	I	S	E	T	A	H	I	J	K
C	L	E	F	G	S	C	A	M	I	S	A
A	D	P	A	N	T	A	L	O	N	E	S
Z	A	P	A	T	I	L	L	A	S	L	Z
A	M	O	P	U	D	C	Q	U	V	B	A
D	G	R	S	T	O	E	Y	E	D	U	P
O	O	W	E	B	O	T	A	S	O	F	A
R	R	Ñ	A	E	B	I	Z	S	C	A	T
A	R	L	G	U	A	N	T	E	S	N	O
Ñ	O	J	E	R	S	E	Y	A	R	D	S
N	X	E	D	E	L	S	A	E	L	A	E

b. Escribe el nombre de la ropa que lleva Tadeo Jones.

1. ....

2. ....

3. ....

4. ....

5. ....

c. ¿Sabes qué prenda es? Escribe el nombre y el número de la adivinanza en el cuadro.

1. Es una prenda para dormir.
2. Es una prenda para llevar en la cabeza.
3. Son para andar y no son ni botas ni zapatillas.
4. Son dos y son para las manos.
5. Es para el cuello.
6. Son dos y son para los pies.

....

d. Inventa y escribe dos adivinanzas relacionadas con el vocabulario que has aprendido en esta unidad. Después adivina las de tu compañero y lee las tuyas.

1. ....
2. ....

5 Los verbos *llevar*, *tener*, *ser* y *estar*

a. Relaciona.

1. Nosotros
2. Pedro y Belén
3. Tú
4. Yo
5. Vosotras

a. lleváis también falda en invierno.
b. siempre llevan ropa negra.
c. llevas siempre prendas muy cómodas.
d. llevamos pantalones azules.
e. llevo guantes, gorro y bufanda, ¿y tú?

b. Marca el verbo correcto.

1. Luis .... gafas.	☐ es	☐ lleva
2. El vestido de Mara .... muy elegante.	☐ lleva	☐ es
3. Tu bolso rojo .... aquí.	☐ está	☐ es
4. ¡Estos zapatos blancos y negros .... pequeños!	☐ tienen	☐ son
5. Juan .... de Segovia.	☐ es	☐ está
6. Vuestras mochilas .... de color violeta.	☐ son	☐ llevan
7. Estos ejercicios .... muy difíciles.	☐ son	☐ tienen
8. ¡Qué bonitas .... estas cazadoras!	☐ están	☐ son
9. Me gusta .... ropa cómoda.	☐ llevar	☐ estar
10. Ella .... una diseñadora famosa.	☐ es	☐ lleva

6 Describir e identificar personas

a. Observa las fotos, escucha e identifica a quiénes describen.

Pista 28

a.

b.

c.

d.

e.

f.

g.

h.

i.

j.

k.

l.

m.

n.

ñ.

b. Describe a dos personas.

La lista de la compra

1 De excursión al bosque

Lee y completa.

Juan: ¡Qué bien, mañana .... de excursión al bosque!
Isabel: Sí, sí, pero antes tenemos .... comprar todas las cosas que faltan.
Juan: ¿Tienes la .... de la compra?
Isabel: Sí, claro. Vamos a ver... Primero tenemos que comprar las aspirinas y las tiritas en la ....
Juan: Tiritas no, que tengo yo en ....
Isabel: Vale, algo dulce para el viaje. Podemos comprar unos .... de chocolate.
Juan: ¿Dónde? ¿En la pastelería o en la .... ? A mí me gustan más los de la pastelería porque están más ricos, aunque creo que son .... caros.
Isabel: ¿Pero cuánto cuestan?
Juan: Dos euros cada uno.
Isabel: ¡Vale!, vamos a comprarlos allí, en la pastelería. ¿Qué más? Aún tenemos que .... queso, chorizo y jamón de York para hacer los .... ¡Ah! Y también las bebidas.
Juan: Tranquila, queso y jamón tiene mi madre, y el chorizo y el pan los compramos en .... supermercado de allí.
Isabel: Y el agua, rellenamos las .... en casa.

2 Los demostrativos

a. Completa el cuadro.

	CERCA					LEJOS
	AQUÍ		**AHÍ**		**ALLÍ**	
	Singular	Plural	Singular	Plural	Singular	Plural
Masculino	....	estos	....	....	aquel	....
Femenino	....	....	....	esas	....	....

b. Une con flechas y forma siete frases correctas.

1. Aquel
2. Este
3. Estas
4. Esos
5. Aquella

a. aspirinas
b. bocadillos
c. zapatería
d. estuche
e. ordenador

1. de aquí
2. de ahí
3. de allí

1. ....
2. ....
3. ....
4. ....
5. ....
6. ....
7. ....

3 Comparar y elegir

Escucha e identifica las conversaciones. Después, selecciona el artículo que les gusta más.

Pista 29

A

B

A

B

A

B

4 El superlativo

a. Cambia el superlativo siguiendo el ejemplo.

Ejemplo: *Estos ejercicios son muy difíciles* →
Estos ejercicios son dificilísimos.

> ***¡Ojo!***
> Terminado en
> -co/a >-**qu**ísimo/a seco > sequísimo
> -go/a >-**gu**ísimo/a amigo > amiguísimo

1. Aquellos ordenadores son muy caros. → ....
2. Esos calcetines son muy cómodos. → ....
3. Estos dibujos son muy feos. → ....
4. Aquellos cuadernos son muy baratos. → ....
5. Este pan está muy bueno. → ....
6. Ese vestido es muy corto. → ....
7. Este bocadillo tiene muy poco chorizo. → ....
8. Aquel libro es muy grande. → ....
9. Aquel teléfono móvil es muy pequeño. → ....
10. Aquellos pantalones son muy largos. → ....

b. Cambia utilizando *muy* como en el ejemplo.

Ejemplo: *Tenemos poquísimo dinero* → **Tenemos muy poco dinero.**

1. Este libro es interesantísimo. → ....
2. Reutilizar cosas es facilísimo y divertidísimo. → ....
3. No me gusta este porque es larguísimo. → ....
4. Las golosinas están riquísimas. → ....
5. Tu hermano es vaguísimo. → ....

5 ¿Con ce (*c*) o con zeta (*z*)?

Escucha el deletreo y escribe las letras. Luego, relaciona las palabras con las imágenes.

Pista 30

1. _ _ _ _ _ _
2. _ _ _ _ _ _
3. _ _ _ _ _ _ _ _
4. _ _ _ _
5. _ _ _ _ _ _ _ _ _ _
6. _ _ _ _ _ _ _ _ _ _ de deporte.
7. _ _ _ _ _ _ _ _ _
8. _ _ _ _ _ _ _ _
9. _ _ _ _
10. _ _ _ _ _ _ _

a.

b.

c.

d.

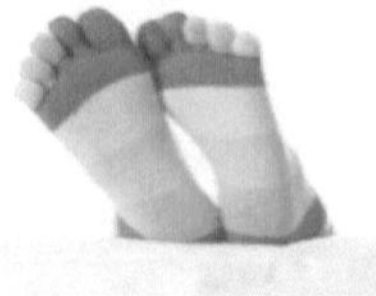
e.

f.

g.

h.

i.

j.

6 Expresar la opinión

a. Ordena las palabras y forma frases.

1. pero/mochila/también/Me encanta/esta/mucho/azul/esa/violeta./me gusta

....

2. les/jóvenes/y/los/originales/ser/A/gusta/diferentes.

....

3. divertido/reciclar/barato/comprar./que/Es/más

....

4. mí/las/que/plástico./de/botellas/más/cristal/me gustan/A/las/de

....

5. Aquel/es/moderno/es/ordenador/muy/también/pero/carísimo.

....

b. Expresa tu opinión utilizando el verbo *parecer*. Puedes utilizar, si quieres, estos adjetivos y expresiones.

aburrido – atractiva – barata – caras – ecológico – fea – insanos – interesantes – mala – positivo – ricos – una tontería

1. Los bollos de chocolate ....

2. Las marcas ....

3. Reciclar ....

4. La ropa con muchos colores ....

5. La comida rápida ....

EDUCACIÓN PARA LA CIUDADANÍA

Los jóvenes y el consumo

1 **Lee este test y piensa cuáles son las respuestas más adecuadas.**

¿Eres consciente y responsable de tu consumo?

1. **Piensa sobre tus compras y responde a estas preguntas:**
   ¿Cuándo compras ropa, cuando tienes dinero o cuando la necesitas?
   ¿En qué gastas tu paga semanal, en golosinas y cosas que te gustan o ahorras para comprarte algo que necesitas?

2. **Examina tu relación con las marcas:**
   Cuando te compras ropa, ¿buscas unas marcas determinadas o eliges la ropa sin mirar la marca?
   ¿Cuántas marcas de ropa recuerdas, más de siete o menos?
   Si un compañero lleva ropa de una marca desconocida o sin marca, ¿te ríes de él o no?

3. **Piensa en las tiendas a las que vas:**
   ¿Cuántas tiendas conoces de comercio justo, dos o tres o ninguna?

4. **Tu ética como comprador:**
   Imagina que ves un producto que te gusta muchísimo y que crees que lo necesitas, pero sabes que lo produce una empresa que invierte en armas o utiliza niños como trabajadores, ¿lo compras o no?

Extraído y adaptado de http://www.otromundoesposible.com/

2 **Con tu compañero elabora las soluciones al test.**

Por ejemplo, si siempre contestas con la primera parte de la pregunta eres...

3 **Hazle el test a un conocido tuyo. ¿Cómo crees que es?**

4 **¿Y tú, cómo respondes a las preguntas para ser un buen ciudadano y un consumidor responsable?**

ESPACIO INTERDISCIPLINAR

¡ME GUSTA LA EDUCACIÓN TECNOLÓGICA!

1 ESCRIBE DEBAJO DE CADA IMAGEN QUÉ ENVASE Y PRODUCTO ES.

Para ayudarte:

las aceitunas	el maíz
el agua	la pasta
la colonia	los refrescos
las galletas	las sardinas
los guisantes	los tomates
la leche	el zumo

1. ....

2. ....

3. ....

4. ....

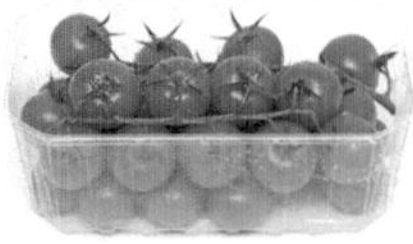
5. ....

6. ....

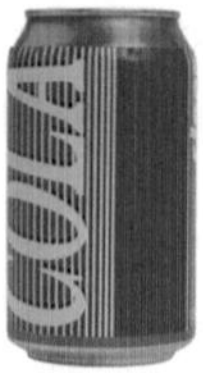

7. ....

8. ....

9. ....

10. ....

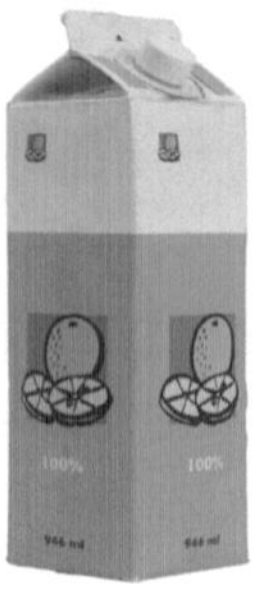
11. ....

12. ....

13. ....

14. ....

2 CONTINÚA LA SERIE. ESCRIBE LOS NÚMEROS, ARTÍCULOS Y SU MATERIAL CON LETRAS.

A. 121  + 30  = ... FRASCOS DE ....

B. 480  - 14  = ...

C. 905  + 10  = ...

D. 999  - 22  = ...

E. 314  + ...  = TRESCIENTAS TREINTA Y UNA ....

Autoevaluación

Portfolio: evalúa tus conocimientos de español.

Después de hacer la unidad 1
Fecha: ....

	Nivel alcanzado			
	Insuficiente	Suficiente	Bueno	Muy bueno
Comunicación - Puedo hablar de la moda y describir una prenda. Escribe las expresiones:	☐	☐	☐	☐
- Puedo expresar mis gustos y mi opinión. Escribe las expresiones:	☐	☐	☐	☐
- Puedo señalar e identificar a una persona o un objeto. Escribe las expresiones:	☐	☐	☐	☐
- Puedo decidir en qué gasto mi dinero. Escribe las expresiones:	☐	☐	☐	☐
Gramática - Sé usar los verbos *gustar*, *encantar* y *parecer*. Escribe algunos ejemplos:	☐	☐	☐	☐
- Sé utilizar los comparativos y formar el superlativo. Escribe algunos ejemplos:	☐	☐	☐	☐
- Sé utilizar los demostrativos. Escribe algunos ejemplos:	☐	☐	☐	☐
Vocabulario - Conozco los nombres de la ropa y los complementos. Escribe las palabras que recuerdas:	☐	☐	☐	☐
- Conozco los nombres de algunos productos y las tiendas donde se compran. Escribe las palabras que recuerdas:	☐	☐	☐	☐
- Recuerdo los nombres de los colores. Escribe las palabras que recuerdas:	☐	☐	☐	☐
- Conozco los nombres de los envases y los materiales. Escribe las palabras que recuerdas:	☐	☐	☐	☐

Mi diccionario

Traduce las principales palabras de la unidad 1 a tu idioma.

A

abrigo (el) ....
aburrido, aburrida ....
agenda (la) ....
agua (el, nombre femenino) ....
ahí ....
ahorrar (verbo regular) ....
allí ....
amarillo, amarilla ....
anuncio (el) ....
aquel, aquella, aquellos, aquellas ....
aquí ....
aspirina (la) ....
azúcar (el, nombre femenino) ....
azul ....

B

bandeja (la) ....
bañador (el) ....
barato, barata ....
bisutería (la) ....
blanco, blanca ....
bocadillo (el) ....
bollo (el) ....
bolsa (la) ....
bolso (el) ....
bombones (los) ....
botas (las) ....
bote (el) ....
botella (la) ....
bufanda (la) ....

C

caja (la) ....
calcetines (los) ....
camisa (la) ....
camiseta (la) ....
cantimplora (la) ....
carnicería (la) ....
caro, cara ....
cartón (el) ....
cazadora (la) ....
chocolate (el) ....
chorizo (el) ....
colonia (la) ....
comercio (el) ....
comparar (verbo regular) ....
compras (las) ....
comunicación (la) ....
cono**c**er (verbo irregular) ....
consumidor, consumidora ....
consumir (verbo regular) ....
c**o**ntar (verbo irregular) ....
contenedor (el) ....
contento, contenta ....
contestar (verbo regular) ....
continuar (verbo regular) ....
conversación (la) ....
correcto, correcta ....
corto, corta ....
c**o**star (verbo irregular) ....
crear (verbo regular) ....
cristal (el) ....
cuaderno (el) ....

D

decidir (verbo regular) ....
describir (verbo regular) ....
difícil ....
dinero (el) ....
diseñar (verbo regular) ....
divertido, divertida ....
droguería (la) ....
dulce (el) ....

E

elegante ....
el**eg**ir (verbo irregular) ....
empresa (la) ....
encantar (verbo especial) ....
encontrar (verbo irregular) ....
envase (el) ....
escuchar (verbo regular) ....
ese, esa, esos, esas ....
este, esta, estos, estas ....
estilo (el) ....
excursión (la) ....

F

fácil ....
falda (la) ....
faltar (verbo regular) ....
fantástico, fantástica ....
fatal ....
feo, fea ....
ferretería (la) ....
floristería (la) ....
fotografiar (verbo regular) ....
frasco (el) ....
frutería (la) ....

G

gafas (las) ....
galleta (la) ....
gastar (verbo regular) ....
golosinas (las) ....
gorro (el) ....
grasa (la) ....
gris ....
guantes (los) ....
guisantes (los) ....
gustar (verbo especial) ....

H
hablar (verbo regular) ....
h**ac**er (verbo irregular) ....
hambre (el, nombre femenino) ....
heladería (la) ....
horrible ....

I
identifi**c**ar (verbo irregular) ....
idioma (el) ....
imaginar (verbo regular) ....
importante ....
increíble ....
insano ....
interesante ....

J
jamón (el) ....
jersey (el) ....

L
largo, larga ....
lata (la) ....
lección (la) ....
leche (la) ....
lista (la) ....
llevar (verbo regular) ....

M
madera (la) ....
maíz (el) ....
mano (la) ....
marca (la) ....
marrón ....
material (el) ....
metal (el) ....
moda (la) ....
moreno, morena ....
na**c**er (verbo irregular) ....

N
necesitar (verbo regular) ....
negro, negra ....

O
ordenar (verbo regular) ....
oscuro, oscura ....

P
paga semanal (la) ....
pan de molde (el) ....
panadería (la) ....
pantalones (los) ....
papelería (la) ....
paquete (el) ....
paraguas (el) ....
parecer (verbo especial) ....
pasta (la) ....
pastelería (la) ....
p**e**nsar (verbo irregular) ....
periódico (el) ....
personalidad (la) ....
pescadería (la) ....
pijama (el) ....
plástico (el) ....
pref**e**rir (verbo irregular) ....
prenda de vestir (la) ....
prod**uc**ir (verbo irregular) ....

Q
queso (el) ....

R
recargar el móvil (expresión) ....
reciclar (verbo regular) ....
recordar (verbo regular) ....
reflejar (verbo regular) ....
refrescos (los) ....
regalar (verbo regular)
responsable ....
revista (la) ....
rico, rica ....
rojo, roja ....
ropa (la) ....
rosa ....
rubio, rubia ....

S
saber (verbo irregular)
sano, sana ....
sardina (la) ....
seleccionar (verbo regular) ....
señalar (verbo regular) ....
sobre (el) ....
solución (la) ....
supermercado (el) ....

T
tela (la) ....
teléfono móvil (el) ....
tendencia (la) ....
tienda (la) ....
tirita (la) ....

V
vago, vaga ....
vela (la) ....
verde ....
vestido (el) ....
vidrio (el) ....
violeta ....

Z
zapatería (la) ....
zapatillas de deporte (las) ....
zapatos (los) ....

Descubre el mejor invento

Unidad 2

Contenidos y actividades

1. Hablar de otro invento español.
2. La forma del pretérito perfecto simple.
3. Usos del pretérito perfecto simple.
4. Describir objetos por la forma y el material del que están hechos.
5. Comprender una anécdota: la invención de la bombilla.
6. La forma de los verbos irregulares en el pretérito perfecto simple.
7. Los marcadores temporales.
8. Practicar los usos del pretérito perfecto simple.
9. Contar una noticia curiosa.
10. Los pronombres indefinidos.

Lección

3 Inventos curiosos

1 Hablar de otro invento español

Completa la biografía con los verbos en la forma correcta del perfecto simple.

El invento español más dulce

Enric Bernat, el inventor del chupa chups, (nacer) .... en el año 1923 en Barcelona. Desde pequeño (estar) .... rodeado de dulces, su abuelo (ser) .... el primer español que (vender) .... caramelos y su padre (crear) .... una fábrica de galletas. En los años 50, Enric (comenzar) .... a pensar en la creación de un caramelo diferente y revolucionario. Y así, en 1958 (tener) .... la genial idea de fabricar un caramelo redondo al que (poner) .... un palito. El chupa chups (empezar) .... a tener mucho éxito por todo el mundo, gracias también al atractivo logo que (diseñar) .... el pintor Salvador Dalí. Dalí (pintar) .... una flor amarilla y (escribir) .... el nombre de *chupa chups* en rojo. En 1979 la empresa de Enric Bernat (vender) .... más de 10 000 chupa chups en todo el mundo. Pero lo más increíble es que los chupa chups (ser) .... los primeros caramelos que (viajar) .... fuera de nuestro planeta. En 1995, los astronautas de la estación MIR se (llevar) .... y (comer) .... chupa chups en el espacio. Bernat (morir) .... en el año 2003.

2 La forma del pretérito perfecto simple

a. Clasifica las formas con su persona correspondiente. Luego, escribe el infinitivo.

nació – viví – hablaste – nacisteis – hablasteis – vivisteis – nacieron – hablamos – vivieron – nacimos – vivimos – nací – hablaron – viviste – hablé – naciste – vivió – habló

	Verbo en infinitivo	Yo	Tú/vos	Él/ella/usted	Nosotros/as	Vosotros/as	Ellos/as/ustedes
-ar							
-er							
-ir							

b. Completa la tabla con los verbos irregulares en pretérito perfecto simple que faltan.

	ESTAR	HACER	IR	PODER	SER	TENER
(Yo)	....	hice	....	....	....	tuve
(Tú/vos)	estuviste	....	....	pudiste	....	....
(Él/ella/usted)	....	....	fue	....	....	....
(Nosotros/as)	....	....	fuimos	....	....	tuvimos
(Vosotros/as)	estuvisteis	....	....	pudisteis	fuisteis	....
(Ellos/as/ustedes)	....	hicieron	....	....	fueron	....

c. Relaciona los verbos con la persona adecuada, como en el ejemplo.

hicisteis	**Yo** →	estuve
viviste	**Tú**	pudieron
dieron	**Él/ella/usted**	murió
escribisteis	**Nosotros/as**	visitamos
tuvimos	**Vosotros/as**	diste
pude	**Ellos/as/ustedes**	se cayó

d. Conjuga los verbos en negrita en pretérito perfecto simple y completa las frases con estas palabras.

1. a México **2.** una pierna **3.** los ejercicios de español **4.** una película **5.** en Galicia **6.** al cine **7.** en el año 1519

1. Ayer (nosotros) no **salir** ...., **ver** .... ☐
2. En agosto (ellos) **ir** .... de vacaciones ☐
3. Alejandro Finisterre **nacer** .... ☐
4. El profesor **enfadarse** .... con vosotros porque no **hacer** .... ☐
5. Mi hermano **caerse** .... y **romperse** .... ☐
6. (yo) No **poder** .... ir a visitar a mis abuelos porque **ir** .... ☐
7. Leonardo da Vinci **morir** .... ☐

3 Usos del pretérito perfecto simple

a. Relaciona los verbos con las fotos y escribe un pie de foto.
María, de trece años, nos enseña las fotos de los acontecimientos importantes de su vida.

Hacer un viaje – Aprender a montar en bici – Ir de campamento – Tener un hermano – Conocer a mi mejor amiga – Nacer

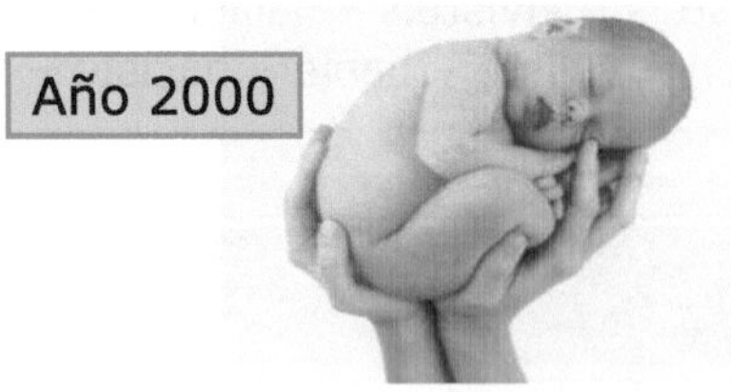

....

....

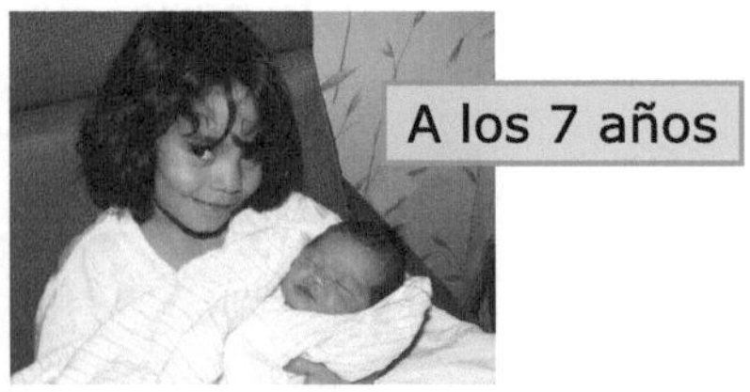

....

....

....

....

b. Ahora tú. Escribe 5 fechas o acontecimientos importantes en tu vida.

....
....
....
....
....

4 Describir objetos por la forma y el material

a. Completa el esquema con las palabras del cuadro.

Alargado – Metal – Cristal – Redondo – Tela – Rectangular – Madera – Plástico – Cuadrado

FORMAS → ....
→ ....
→ ....
→ ....

MATERIALES → ....
→ ....
→ ....
→ ....
→ ....

b. Completa la tabla con la información de estos objetos.

OBJETO	FORMA	MATERIAL	SIRVE PARA
1			
2			
3			
4			
5			
6			

c. Completa este crucigrama siguiendo estas pistas.

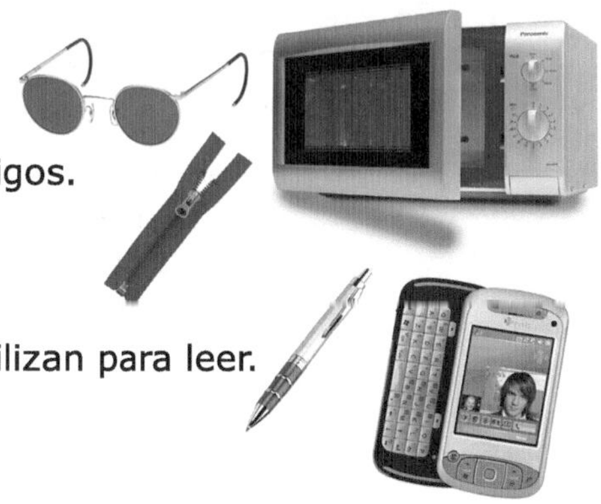

a. Sirve para calentar la comida.
b. Es pequeño y puedes hablar con tus padres o amigos.
c. Sirve para escribir.
d. Sirve para cerrar tu mochila, bolso o pantalones.
e. Están cerca de tus ojos y algunas personas las utilizan para leer.

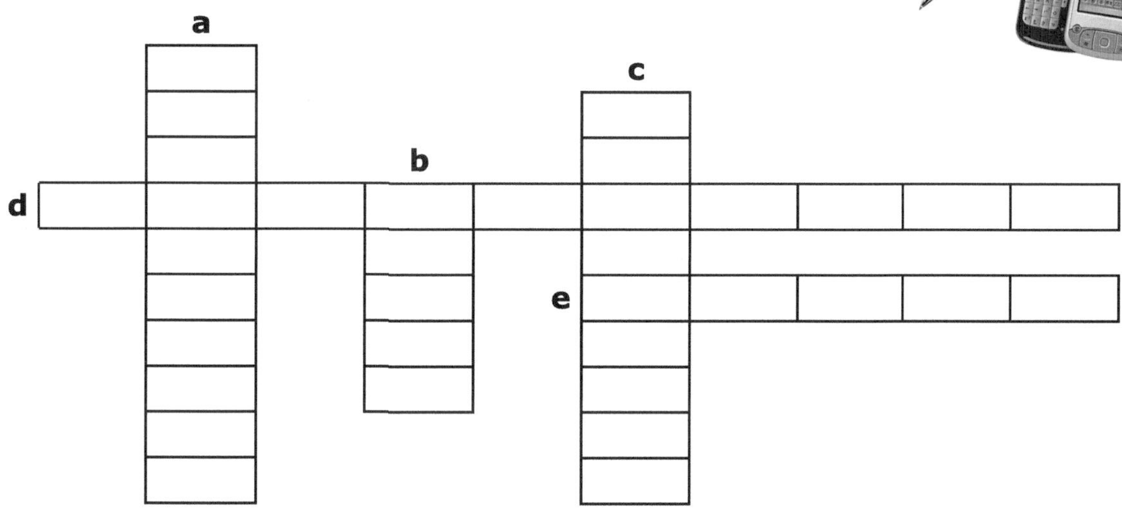

Lección **4**

Contar historias

1 Comprender una anécdota: la invención de la bombilla

Completa con los verbos del recuadro en pretérito perfecto simple y ordena la historia.

tener (2) – Comenzar – crear – terminar (2) – dar – poner – llegar – caer (2) – subir – romper (2) – llamar – entregar

☐ Cuando la ...., sorprendentemente .... al mismo ayudante y le .... la nueva bombilla.

☐ Edison .... la brillante idea de acabar con la oscuridad. .... a experimentar durante años y, después de más de mil intentos, ... la bombilla.

☐ Gracias a Edison hoy tenemos luz en todo el mundo.

☐ Después de años y años de trabajo, Edison .... que fabricar una nueva bombilla.

☐ Cuando la ...., se la .... a un joven ayudante de su taller. El chico se .... nervioso, ... las escaleras y cuando .... arriba, ¡zas!, la bombilla se .... al suelo y se .... en mil pedazos.

☐ Esta vez la bombilla no se .... ni se ....

2 Los irregulares en el pretérito perfecto simple

Coloca cada verbo en la casilla correspondiente. Luego, marca los que son irregulares.

tuvimos – hablaste – hice – vivió – puso – naciste – hicieron – rompí – trabajaron – se cayeron – comisteis – hablamos – fuimos – estuvo – estudié – fue – tuviste – terminé – empezó – puse – dio – llegaron – rompieron – fuisteis – escribiste – leísteis

Yo	....
Tú/vos	....
Él/ella/usted	....
Nosotros/as	....
Vosotros/as	....
Ellos/as/ustedes	....

3 Los marcadores temporales

Contesta a las siguientes preguntas.

1. ¿A qué hora te fuiste a la cama anoche? ....
2. ¿Qué hiciste ayer? ....
3. Di cinco cosas que hiciste el fin de semana pasado ....
....
....
....
4. ¿Dónde estuviste de vacaciones el año pasado? ....

4 Practicar los usos del pretérito perfecto simple

a. Observa la agenda, hoy es sábado 21 de junio.

AGENDA	
Sábado 14 de junio	Ir al festival de cómic Manga
Domingo 15 de junio	Tener fiesta de cumpleaños
Lunes 16 de junio	Ir a clase de natación
Martes 17 de junio	Hablar con mi primo
Miércoles 18 de junio	Comprar unos pantalones vaqueros
Jueves 19 de junio	Hacer los deberes
Viernes 20 de junio	Cenar con los abuelos

¿Qué hizo Eduardo?

- Ayer: ....
- Hace 3 días: ....
- Anteayer: ....
- El lunes pasado: ....
- El fin de semana pasado: ....

b. Escucha la anécdota y pon los verbos en pretérito perfecto simple.

Pista 31

—Hola, Isabel. ¿Qué tal el fin de semana?

—Uff, fatal. Mis padres me han castigado sin salir. Es que el viernes me (enfadar) .... con mi hermano y le (pegar) .... un chicle en el pelo.

—¿De verdad?

—Pues sí. El problema es que no (poder) .... quitarle el chicle y (tener) .... que cortarle el pelo. Pero (cortar) .... demasiado y le (dejar) .... un trozo de cabeza sin pelo. Él (empezar) .... a llorar y yo (querer) .... arreglarlo.

—¿Y qué (hacer) ....?

—Pues como mi hermano es moreno, le (pintar) .... la cabeza con bolígrafo negro.

—¿Sí?

—El problema es que a la hora de la cena mis padres (descubrir) .... lo que yo le (hacer) .... y me (castigar) .... todo el fin de semana sin salir y sin ver la televisión.

c. Ahora, rellena el siguiente cuadro.

¿Quién?	¿Cuándo?	¿Qué pasó?	¿Qué hizo Isabel?

5 Contar una noticia curiosa

a. Completa esta noticia con los verbos en la forma adecuada.

¡Niño de 8 años conduce un coche en Barcelona!

- El 2 de marzo, en un pueblo de Barcelona, Luis, un niño de 8 años, (robar) .... las llaves del coche de sus padres y (recorrer) .... 20 kilómetros.
- Antes de llegar a clase, el coche (chocar) .... contra un árbol y (romper) .... una farola.
- En el camino, (llamar) .... a un compañero de clase y juntos (ir) .... al colegio en coche.
- La policía (poder) .... detener a Luis y (avisar) .... a sus padres. Luis (decir) .... a la policía que se (llevar) .... el coche para llegar antes al colegio.

b. Ahora, haz y contesta las 6 preguntas del periodismo.

	Pregunta	Respuesta
¿Qué?		
¿Quién?		
¿Dónde?		
¿Cuándo?		
¿Cómo?		
¿Por qué?		

6 Los pronombres indefinidos

Completa con los indefinidos correspondientes.

nada – nadie – algo – alguien

1. ¡Qué rollo! Ayer no entendí .... en la clase de Matemáticas.
2. ¿Viste a .... en el parque? No, no vi a ....
3. ¿Ponen .... interesante en la tele? Pues no, hoy no hay .... en la tele.
4. Ayer me despertó un ruido. ¿Tú oíste ....? Pues yo dormí muy bien, no oí ....
5. ¿Conoces a .... en el nuevo curso de español? No, no conozco a ....
6. ¿Puedes hablar más alto? No oigo ....
7. No puedo viajar solo, tengo que ir con ....
8. No sé por qué se enfadó, yo no dije ....

EDUCACIÓN PARA LA CIUDADANÍA

La libertad individual

1 **Completa este texto con estas palabras.**

asumir – autónomo – debe hacer – derechos – egoísta – el caos – libertad – libertinaje – lo que quieres – respetar – responsable – ser capaz de – valiente

¿Qué es la libertad?

Muchas personas confunden la .... con el .... Creen que ser libre es hacer .... La libertad es ...., el libertinaje es .... La libertad consiste en ser .... y en ser responsable. Ser autónomo es .... hacer lo que uno cree que ...., relacionar nuestras acciones y el efecto que producen, asumir su responsabilidad. Ser responsable implica ser .... Cuando alguien dice: «No sé si está bien o mal, pero me gusta», no quiere .... su responsabilidad. En este sentido, la libertad acaba donde empieza la libertad del otro.

Hay libertad responsable cuando veo a los otros como personas con ...., como personas a quienes yo debo .... Soy libre cuando descubro que estoy con los demás en el mundo, que no puedo ser .... Una persona es libre cuando renuncia a sus propios intereses y considera los derechos de otros.

2 **En el texto se habla de las diferentes libertades. Relaciona las actitudes con la libertad o con el libertinaje.**

libertad para elegir
libertad para salir
libertad para comprar
libertad para comer
libertad para decir

A pasear con mis amigos cuando yo quiero.
Cómo oriento mis estudios.
Con mis amigos cuando ya he hecho mis obligaciones.
De forma educada lo que pienso.
De forma sana y responsable.
Dejar de estudiar y no hacer nada.
La comida que más me gusta.
Lo que me gusta con mi paga semanal.
Lo que necesito o realmente quiero.
Lo que pienso sin importarme los sentimientos de los demás.

libertinaje de elegir
libertinaje de salir
libertinaje de comprar
libertinaje de comer
libertinaje de decir

3 **Escribe ahora una actitud libre y una actitud de libertinaje con las otras libertades.**

libertad para hacer ....
libertad para sentir ....
libertad para escribir ....
libertad para leer ....
libertad para crecer ....

libertinaje de hacer ....
libertinaje de sentir ....
libertinaje de escribir ....
libertinaje de leer ....
libertinaje de crecer ....

ESPACIO INTERDISCIPLINAR

¡ME GUSTA LA FÍSICA!

1 EN HTTP://UNUNIVERSOTRASLAESQUINA.BLOGSPOT.COM SE PROPONE CREAR UNA LISTA DE LOS 10 MEJORES INVENTOS Y DESCUBRIMIENTOS DE LA HUMANIDAD. ESTOS SON LOS MÁS REPETIDOS POR SUS VOTANTES. ¿LOS CONOCES TODOS? AÑADE MÁS INVENTOS Y DESCUBRIMIENTOS.

el aire acondicionado – la anestesia – los antibióticos – la bombilla – la cámara fotográfica – el coche – el corazón artificial – la electricidad – la escritura – el fuego – el fútbol – Internet – la máquina a vapor – el plástico – la pólvora – la rueda – el teléfono – la televisión – el transistor

2 ELIGE LOS 10 QUE CONSIDERAS MÁS IMPORTANTES.

1.	....
2.	....
3.	....
4.	....
5.	....
6.	....
7.	....
8.	....
9.	....
10.	....

3 LEE ESTOS ARGUMENTOS PARA DEFENDER DOS INVENTOS. ¿PUEDES IDENTIFICAR CUÁLES SON?

Es un descubrimiento importantísimo porque gracias a él funcionan las máquinas, tenemos luz en las casas, las industrias trabajan... Sin él, los demás inventos no funcionan, no tienen energía.

Es un invento muy bueno porque con él podemos fabricar máquinas para movernos y sin él es difícil transportar objetos.

4 COMPLETA LA LISTA DE TUS 10 ELECCIONES CON UN ARGUMENTO PARA CADA UNO.

5 DISCUTE CON TU COMPAÑERO LA LISTA Y LLEGAD A UN ACUERDO.

Autoevaluación

Portfolio: evalúa tus conocimientos de español.

Después de hacer la unidad 2
Fecha: ....

	Nivel alcanzado			
	Insuficiente	Suficiente	Bueno	Muy bueno
Comunicación - Puedo describir un invento. Escribe algunos ejemplos:	☐	☐	☐	☐
- Puedo contar la vida de una persona. Escribe las expresiones:	☐	☐	☐	☐
- Puedo situar temporalmente una acción pasada. Escribe las expresiones:	☐	☐	☐	☐
Gramática - Sé utilizar los verbos en pretérito perfecto simple. Escribe algunos ejemplos:	☐	☐	☐	☐
- Sé utilizar las expresiones de tiempo pasado. Escribe algunos ejemplos:	☐	☐	☐	☐
- Sé utilizar los pronombres indefinidos. Escribe algunos ejemplos:	☐	☐	☐	☐
Vocabulario - Conozco los nombres de algunos inventos. Escribe las palabras que recuerdas:	☐	☐	☐	☐
- Conozco los verbos para dar datos biográficos. Escribe los verbos que recuerdas:	☐	☐	☐	☐
- Conozco las palabras para describir la libertad. Escribe las palabras que recuerdas:	☐	☐	☐	☐

Mi diccionario

Traduce las principales palabras de la unidad 2 a tu idioma.

A

acabar (verbo regular) ....
acción (la) ....
acontecimiento (el) ....
actitud (la) ....
agosto ....
ahora ....
aire acondicionado (el) ....
alargado, alargada ....
algo ....
alguien ....
alguno, alguna, algunos, algunas ....
alto, alta ....
amigo, amiga (el, la) ....
anécdota (la) ....
anestesia (la) ....
anoche ....
anteayer ....
antibióticos (los) ....
añadir (verbo regular) ....
aprender (verbo regular) ....
árbol (el) ....
argumento (el) ....
arreglar (verbo regular) ....
asumir (verbo regular) ....
autónomo, autónoma ....
avisar (verbo regular) ....
ayer ....
ayudante (el, la) ....

B

bici(cleta) (la) ....
biografía (la) ....
bombilla (la) ....
brillante ....

C

cada ....
caerse (verbo irregular) ....
calentar (verbo regular) ....
cámara fotográfica (la) ....
campamento (el) ....
caos (el) ....
caramelo (el) ....
castigar (verbo regular) ....
cenar (verbo regular) ....
c**e**rrar (verbo irregular) ....
chicle (el) ....
cho**c**ar (verbo irregular) ....
clasifi**c**ar (verbo irregular) ....
coche (el) ....
colo**c**ar (verbo irregular) ....
comen**z**ar (verbo irregular) ....
cómic (el) ....
comprender (verbo regular) ....
con**duc**ir (verbo irregular) ....
confundir (verbo regular) ....
conjugar (verbo regular) ....
considerar (verbo regular) ....
corazón (el) ....
cortar (verbo regular) ....
creación (la) ....
crecer (verbo regular) ....
crucigrama (el) ....
cuadrado, cuadrada ....
cuál, cuáles ....
cuándo ....
curioso, curiosa ....

D

datos (los) ....
deberes (los) ....
def**e**nder (verbo irregular) ....
demasiado ....
descubrir (verbo regular) ....
det**en**er (verbo irregular) ....
diferente ....
discutir (verbo regular) ....
distin**gu**ir (verbo irregular) ....
domingo (el) ....
dónde ....
durante ....

E

educado, educada ....
efecto (el) ....
egoísta ....
elaborar (verbo regular) ....
elección (la) ....
electricidad (la) ....
emp**e**zar (verbo irregular) ....
en mil pedazos (expresión) ....
energía (la) ....
enfadarse (verbo reflexivo regular) ....
enseñar (verbo regular) ....
ent**e**nder (verbo irregular) ....
entregar (verbo regular) ....
escalera (la) ....
escritura (la) ....
esquema (el) ....
estación (la) ....
estar de acuerdo (expresión) ....
estudios (los) ....
éxito (el) ....
experimentar (verbo regular) ....

F

fabri**c**ar (verbo irregular) ....
falso, falsa ....
farola (la) ....
festival (el) ....
fiesta (la) ....

fin (el) ....
forma (la) ....
fuego (el) ....
funcionar (verbo regular) ....
fútbol (el) ....

H

hechos (los) ....
historia (la) ....
hoy ....
humanidad (la) ....

I

idea (la) ....
ilustración (la) ....
información (la) ....
intento (el) ....
invención (la) ....
invento (el) ....
inventor, inventora (el, la) ....

J

jueves (el) ....
junio ....

K

kilómetro (el) ....

L

libertad (la) ....
libertinaje (el) ....
libre ....
llave (la) ....
lle**g**ar (verbo irregular) ....
llorar (verbo regular) ....
los demás (expresión) ....

M

máquina (la) ....
martes (el) ....
marzo ....
mercado (el) ....
mes (el) ....
mesa (la) ....
miércoles (el) ....
millón (el) ....
m**o**rir (verbo irregular) ....
motor a vapor (el) ....

N

nada ....
nadie ....
natación (la) ....
nervioso, nerviosa ....
noticia (la) ....
nuevo, nueva ....

O

obligaciones (las) ....
observar (verbo regular) ....
oír (verbo irregular) ....
ojo (el) ....
oscuridad (la) ....

P

padres (los) ....
pe**g**ar (verbo irregular) ....
película (la) ....
pequeño, pequeña ....
periodismo (el) ....
persona (la) ....
pintar (verbo regular) ....
pintor, pintora (el, la) ....
pizarra (la) ....
planeta (el) ....
policía (la) ....
pólvora (la) ....
principal ....
problema (el) ....
pueblo (el) ....

R

recorrer (verbo regular) ....
redondo, redonda ....
relacionar (verbo regular) ....
rellenar (verbo regular) ....
respetar (verbo regular) ....
responsabilidad (la) ....
robar (verbo regular) ....
romper (verbo regular) ....
rueda (la) ....

S

sábado (el) ....
sal**i**r (verbo irregular) ....
semana (la) ....
sentimientos (los) ....
s**e**ntir (verbo irregular) ....
ser capaz de (expresión) ....
s**e**rvir (verbo irregular) ....

T

taller (el) ....
terminar (verbo regular) ....

V

vacaciones (las) ....
valiente ....
vaqueros (los) ....
vender (verbo regular) ....
ventana (la) ....
viajar (verbo regular) ....
viernes (el) ....

Explica tus mejores experiencias

Unidad 3

Contenidos y actividades

1. Contar un puente.
2. Los participios regulares e irregulares.
3. El pretérito perfecto compuesto.
4. La entonación de preguntas y de afirmaciones.
5. El verbo encantar y los nombres de los deportes.
6. Comprender un texto sobre un alpinista.
7. Redactar un correo sobre las vacaciones.
8. Los usos del presente y de los pretéritos perfectos.
9. Los marcadores de tiempo pasado con el pretérito perfecto simple y el compuesto.
10. Los nombres de los objetos de viaje.
11. El acento de las palabras.

¿Qué has hecho estas vacaciones?

1 Hemos tenido puente

Lee y completa el diálogo con estas palabras.

allí – campamento – ciudad – correos – cuidar – divertido – en – estado – fin – hacer – has – películas – práctica – puente – sobre

Sebas: ¡Qué .... de semana tan largo, el sábado, el domingo, ... y martes de fiesta! ¿Dónde has .... estos cuatro días, Nico?

Nico: Yo he ido a un .... ecológico en Málaga.

Sebas: ¡Suena bien! ¿Qué has hecho ....?

Nico: He aprendido a hacer productos ecológicos, a .... un huerto. También hemos aprendido mucho .... reciclaje y plantas, pero de una forma muy ....

Sebas: Y tú, Lola, ¿qué has hecho?

Lola: Pues yo he estado .... la playa.

Sebas: ¡Qué bien! ¿Y qué deportes .... practicado?

Lola: Ha sido genial. Hemos aprendido a .... surf y submarinismo.

Nico: ¡Qué ....! Y tú, Sebas, ¿dónde has pasado el puente?

Sebas: Me he quedado en la ....

Lola: ¡Qué pena! ¿Te has aburrido mucho?

Sebas: ¡Qué va!, me he pasado todo el día en la piscina de mis primos, he escrito .... a mis amigos y he visto un montón de ....

2 Los participios regulares e irregulares

Escribe los participios de los verbos.

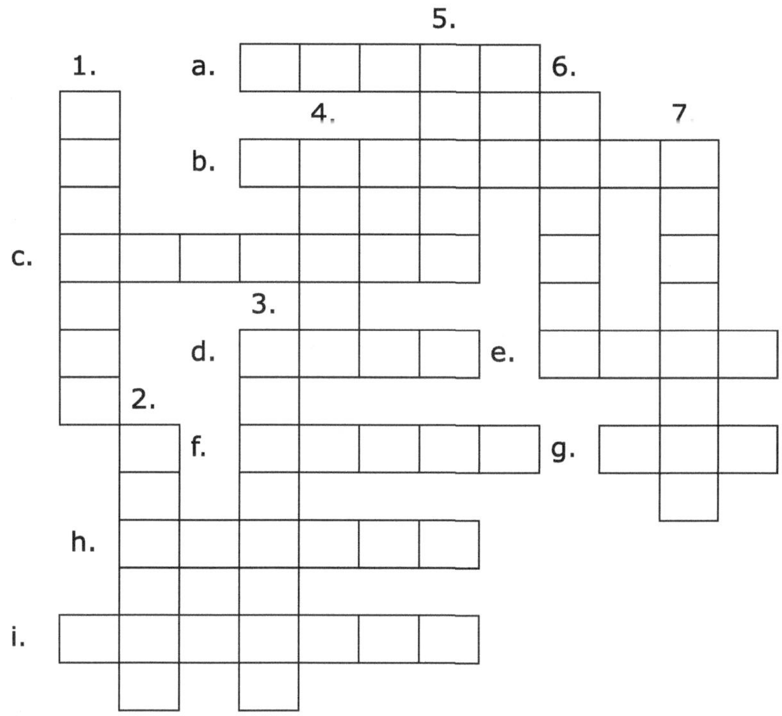

Horizontales:

- **a.** decir
- **b.** afectar
- **c.** escribir
- **d.** romper
- **e.** oír
- **f.** ver
- **g.** ir
- **h.** morir
- **i.** editar

Verticales:

- **1.** abrir
- **2.** comer
- **3.** revolver
- **4.** freír
- **5.** hacer
- **6.** salir
- **7.** olvidar

3 El pretérito perfecto compuesto

a. Completa las frases con los verbos en la forma correcta del pretérito perfecto compuesto.

1. Mi hermano y yo (ver) .... una película este fin de semana.
2. ¿Quién (abrir) .... la ventana?
3. Yo nunca (leer) .... un libro de ese escritor. ¿Y tú?
4. ¿Dónde (estar, tú) .... esta mañana?
5. Mi padre (escribir) .... un libro sobre viajes.

b. Transforma el texto usando el pretérito perfecto compuesto.

Me levanto a las siete y cuarto. Después de levantarme, **me ducho**. **Me peino** a las siete y veinte. **Me visto.** Luego, **desayuno** a las siete y media. Después de desayunar, **salgo** de casa a las ocho. **Voy** al instituto a pie. Mis clases **terminan** a las 15:00, así que **como** en casa. Por la tarde, **hago** los deberes y **ceno** con mi familia a las 21:00 y, después, **veo** un rato la televisión.

Hoy me he levantado ....
....
....
....
....
....

4 La entonación de preguntas y de afirmaciones

Escucha y marca la frase que escuchas.

Pista 32

1. ¿Has hecho *surfing*? ☐
Has hecho *surfing*. ☐

2. ¿Nunca has escalado? ☐
Nunca has escalado. ☐

3. ¿Hemos llegado? ☐
¡Hemos llegado! ☐

4. ¿Habéis hecho todos los deberes? ☐
Habéis hecho todos los deberes. ☐

5 El verbo *encantar* y los deportes

a. Di los deportes favoritos de los amigos.

Claudia — Luis — Marco — Adela

b. ¿De qué deporte hablan?

1. Es un deporte de equipo, se usa una pelota y juegan 11 jugadores.
2. Es un deporte de riesgo, con una cometa puedes volar sobre el mar.
3. En este deporte hay caballos.
4. La bicicleta es fundamental en este deporte.
5. Juegan cinco jugadores por equipo, normalmente son muy altos.

6 Comprender un texto sobre un alpinista

Escucha la audición y corrige los seis errores del texto.

Pista 33

Con dieciséis años, este adolescente británico ha coronado los «Seven Summits», que son los picos más altos de los siete continentes.

Este adolescente francés se ha convertido en el británico más joven en alcanzar el techo del mundo y en el adolescente más joven en escalar los «Seven Summits», los picos más altos de los siete continentes. El objetivo de Atkinson: alcanzar los 8 350 metros del Everest para obtener dinero para la asociación caritativa «Chase».

Pero el mérito también lo tiene su tío, Mark, que transmitió a su hijo la pasión por el ciclismo desde pequeño. Con esa edad, George escaló su primera montaña, la Slieve Donard, que es el pico más difícil de Irlanda del Norte.

Un año más tarde escogió otras tres montañas en Escocia, Inglaterra y Gales. Estos solo fueron entrenamientos para escalar el Kilimanjaro, que conquistó en 2005 con tan solo 12 años.

Dos años después subió el monte Elbrús en Rusia y en 2008 alcanzó el Aconcagua y el Carstensz Pyramid mientras que en 2010 coronó el monte McKinley en Alaska y en enero de este año el monte Vinson, en la Antártida, antes de escalar la montaña más grande del mundo, el Everest.

a. ¿Sabes cuáles son los siete continentes? En algunos países se clasifican en siete, y no en cinco. Completa la serie.

La Antártida, ..., Norteamérica, ..., Oceanía, ... y África.

b. Relaciona la información.

1. El techo del mundo	**a.** Llegar a la cima
2. Escalar	**b.** Subir una montaña
3. Coronar una montaña	**c.** El Everest
4. Picos	**d.** La parte más alta de las montañas

c. ¿Verdadero o falso?

	V	F
1. La primera montaña que escaló Atkinson fue en Irlanda.	☐	☐
2. Se entrenó durante una temporada en el Kilimanjaro.	☐	☐
3. En 2007 coronó una montaña rusa.	☐	☐
4. Atkinson ha escalado incluso una montaña en la Antártida.	☐	☐

Lección

6 Jóvenes viajeros

1 Un correo de Isabel

Lee y subraya la opción adecuada.

¡Hola!
Este año **he hecho/hice** un viaje maravilloso, muy diferente al que **he hecho/hice** el año pasado. Este año **he estado/estuve** quince días con mi tío en Costa Rica, y me **ha encantado/encantó**. Es un país muy bonito, con mucha naturaleza y animales. **Hemos ido/Fuimos** con un grupo y **hemos hecho/hicimos** muchas excursiones. En cambio, el año pasado **he ido/fui** de vacaciones solo con mis padres a Sudamérica. **Hemos estado/Estuvimos** dos meses en Chile, Argentina y Perú. **Hemos disfrutado/Disfrutamos** de la naturaleza, pero también **hemos conocido/conocimos** algunas ciudades muy interesantes. **Ha sido/Fue** muy fácil movernos porque allí también hablan español y, además, **hemos tenido/tuvimos** un guía. El lugar que más me **ha gustado/gustó ha sido/fue** el Machu Picchu. ¡Es una pasada!

2 Los usos del presente, el perfecto simple y el perfecto compuesto

a. Completa con el verbo en la forma adecuada.

BLOG

Hola, blogueros. Os dejo algunas fotos de mis dos últimos viajes.
Este año (estar) .... en Perú. (Ser) .... un viaje muy divertido porque (ir) .... con mis primos y por fin (ver) .... el Machu Picchu, la ciudad sagrada de los incas. Bueno, y por fin (montar) .... en avión. (Ser) .... la primera vez que (viajar) .... en avión. El año pasado el viaje (ser) .... más aburrido porque (ir) .... solo con mis padres.
(Estar) .... en Sevilla una semana. (Visitar) .... un montón de museos y (conocer) .... la arquitectura musulmana. (Estar) .... bien, pero (pasar) .... mucho calor en la ciudad. Este año en el viaje (disfrutar) .... más de la naturaleza y (hacer) .... un tiempo muy agradable.

Done Internet

b. Completa con el verbo en la forma adecuada del presente, el perfecto simple y el perfecto compuesto.

1. Normalmente (ir) .... de vacaciones al pueblo, pero este año (ir) .... a Mallorca.
2. A mí me (encantar) .... viajar, pero nunca (estar) .... en el extranjero.
3. Hoy (ser) .... un día largo, (hacer) .... muchas cosas, en cambio ayer no (hacer) .... nada. (Estar) .... en casa.
4. Todas las semanas (tener) .... clase de Inglés, pero esta semana no (tener) .... porque la profesora está enferma.
5. Esta semana me (acostar) .... muy tarde, pero normalmente me (ir) .... pronto a la cama.
6. Este fin de semana (ir) .... con unos amigos al cine. El pasado (estar) .... de excursión.

c. Completa con el verbo más adecuado en pretérito perfecto compuesto.

estar (2) – pasar – Ir (2) – Hacer – Conocer – comprar

Hola, Ana:

Hace mucho tiempo que no te escribo. Ya estamos en septiembre, increíble. ¿Cómo estás? Este verano .... de viaje en Chile, un país muy bonito, muy estrecho y largo. .... con mis padres y mi prima Carla. Lo .... muy bien. .... en avión, claro, porque está muy lejos. .... muchas fotos y .... muchos regalos para toda la familia. .... mucha gente en las excursiones, turistas como nosotros y .... con otra familia muy simpática.

Tengo que enseñarte las fotos.
Nos vemos estas Navidades.

Un beso, Isabel

d. Mira las imágenes que describen el viaje de Lola y escribe un texto.

....
....
....
....

3 Los marcadores temporales con el pretérito perfecto simple o el compuesto

Escribe una frase con cada uno de los marcadores con tu información.

Hoy ....
Esta semana ....
Ayer ....
La semana pasada ....
El año pasado ....
Hace un rato ....
Hace unos días ....
El miércoles ....
Este mes ....
Hace dos meses ....
En 2005 ....

4 Los objetos de los viajes

Busca en la sopa de letras el nombre de los objetos.

C	E	P	I	L	L	O	E	S	A
R	A	B	C	I	D	E	F	A	G
T	H	I	G	N	J	K	L	C	M
O	P	R	O	T	E	C	T	O	R
A	N	Ñ	R	E	O	P	I	Q	R
L	S	T	R	R	U	V	E	W	X
L	Y	Z	A	N	A	A	N	E	I
A	C	A	M	A	R	A	D	O	V
U	M	O	C	H	I	L	A	P	Ñ

5 El acento de las palabras

Escucha estas palabras y escríbelas en la columna correcta según la sílaba tónica. Recuerda escribir el acento.

Pista 34

Última sílaba	Penúltima sílaba	Antepenúltima sílaba

EDUCACIÓN PARA LA CIUDADANÍA

Aprendemos a convivir

1

a. ¿Sabes qué significan las siguientes palabras? Relaciona la información.

1. Estereotipo	**a.** Hábitos.
2. Integración	**b.** Imagen fija de otra cultura.
3. Inmigrante	**c.** Respeto hacia las opiniones o prácticas de los demás.
4. Tolerancia	**d.** Persona que llega a un país distinto para vivir en él.
5. Costumbres	**e.** Incorporación en una sociedad.
6. Cultura	**f.** Conjunto de modos de vida y costumbres de un grupo social.

b. Completa el texto con las palabras anteriores.

> Las .... de cada país son muy diferentes. No hay costumbres buenas ni malas, cada pueblo se expresa de una forma diferente. Cada pueblo tiene su .... Por eso debemos respetar esas diferencias culturales, por ejemplo, las de los .... que llegan a nuestro país. Es fundamental la .... para facilitar la .... de los recién llegados. Comprender una nueva cultura supone acabar con los .... y aceptar al otro.

c. ¿Sabías que...?
Escoge la respuesta correcta.

1. Cuando un japonés ofrece algo -un regalo, una tarjeta, etcétera- lo hace con las dos manos, y se debe recoger también con ambas manos para mostrar...
- **a)** respeto.
- **b)** que son organizados.

2. Para los árabes eructar después de comer indica...
- **a)** agradecimiento.
- **b)** que la comida es mala.

3. A los chinos les gusta mucho aplaudir. Una familia china puede recibirte con aplausos para...
- **a)** mostrar alegría y afecto.
- **b)** asustar a los invitados.

4. Los brasileños abren la puerta al despedir a sus invitados, entonces estos...
- **a)** se van más rápido.
- **b)** saben que pueden volver.

5. En Senegal, en las comidas tradicionales, todos comen del mismo recipiente para...
- **a)** no lavar los platos después.
- **b)** unir a la familia y amigos.

2

¿Conoces otras costumbres? Piensa ahora en alguna costumbre curiosa de tu país.

ESPACIO INTERDISCIPLINAR

¡ME GUSTA LA GEOGRAFÍA!

1 RELACIONA CADA ACCIDENTE GEOGRÁFICO CON LA DEFINICIÓN CORRECTA.

1. Glaciar	a. Cada una de las grandes extensiones de tierra separadas por los océanos.
2. Desierto	b. Territorio arenoso casi sin vegetación por falta de lluvia.
3. Océano	c. Tierra elevada en la superficie de los continentes.
4. Montaña	d. Gran masa de hielo flotante que se ha desprendido de un glaciar.
5. Mar	e. Extensión de agua salada que cubre las tres cuartas partes de la superficie terrestre.
6. Iceberg	f. Masa de agua salada de menor extensión que los océanos.
7. Continente	g. Masa de hielo acumulada en las zonas altas de las montañas.

2 ¿CONOCES LA ANTÁRTIDA?

A. LEE EL TEXTO.

La Antártida es el llamado *sexto continente*, está situada en el Polo Sur y hace 160 millones de años formaba un bloque con el resto de los continentes. Es el continente más elevado de todos con una altura de 2000 metros y tiene un territorio enorme, casi sin explorar, y cubierto casi totalmente por hielo durante todo el año. Además, tiene los glaciares e icebergs más grandes del mundo. Tiene una población de 0,1 habitantes por km². ¿Sabías que en la Antártida se encuentra el 70% del agua dulce de la Tierra? ¡Pero está congelada! La temperatura media no supera los 0° en verano. Pero curiosamente es el continente más seco. Tiene el aire más seco que cualquier desierto cálido del mundo. Además, la superficie de la Antártida varía de una estación a otra. En verano tiene 14 km², pero en invierno, cuando se congela el mar, la superficie aumenta a 30 km².

Varios países han reclamado el dominio de la Antártida, por ejemplo, Australia, Chile, Argentina, Reino Unido, Noruega, Francia y Nueva Zelanda. Gracias al Sistema del Tratado Antártico (1959) se han solucionado los problemas por la posesión del territorio y se ha regulado la conservación del territorio. Hoy en día treinta países tienen instaladas bases científicas y la convivencia es pacífica.

B. BUSCA EN EL TEXTO 7 PALABRAS RELACIONADAS CON LA GEOGRAFÍA.

C. ¿VERDADERO O FALSO?

	V	F
1. En la Antártida llueve mucho.	☐	☐
2. Hay nieve todo el año.	☐	☐
3. El continente cambia de tamaño según la época del año.	☐	☐
4. La Antártida pertenece a varios países.	☐	☐
5. Hay grandes reservas de agua.	☐	☐

Autoevaluación

Portfolio: evalúa tus conocimientos de español.

Después de hacer la unidad 3
Fecha: ....

	Nivel alcanzado			
	Insuficiente	Suficiente	Bueno	Muy bueno
Comunicación - Puedo hablar de un fin de semana. Escribe las expresiones:	☐	☐	☐	☐
- Puedo indicar cuándo he realizado una actividad. Escribe las expresiones:	☐	☐	☐	☐
- Puedo describir un viaje. Escribe las expresiones:	☐	☐	☐	☐
Gramática - Sé usar los participios regulares e irregulares. Escribe algunos ejemplos:	☐	☐	☐	☐
- Sé utilizar el pretérito perfecto compuesto. Escribe algunos ejemplos:	☐	☐	☐	☐
- Conozco la diferencia entre el pretérito perfecto simple y el compuesto. Escribe algunos ejemplos:	☐	☐	☐	☐
- Sé usar los marcadores de tiempo pasado. Escribe algunos ejemplos:	☐	☐	☐	☐
Vocabulario - Conozco los nombres de los objetos de viaje. Escribe las palabras que recuerdas:	☐	☐	☐	☐
- Conozco los nombres de algunos deportes. Escribe los nombres que recuerdas:	☐	☐	☐	☐
- Recuerdo los nombres de los medios de transporte. Escribe las palabras que recuerdas:	☐	☐	☐	☐
- Conozco los nombres de los continentes, océanos y algunos animales. Escribe las palabras que recuerdas:	☐	☐	☐	☐

Mi diccionario

Traduce las principales palabras de la unidad 3 a tu idioma.

A
agradecimiento (el) ....
alcan**z**ar (verbo irregular) ....
alegría (la) ....
alpinista (el, la) ....
altura (la) ....
ambos, ambas ....
animal (el) ....
aplaudir (verbo regular) ....
aplauso (el) ....
arquitectura (la) ....
asustar (verbo regular) ....
atletismo (el) ....
aumentar (verbo regular) ....
avión (el) ....

B
baloncesto (el) ....
balonmano (el) ....

C
caballo (el) ....
cálido, cálida ....
calor (el) ....
cama (la) ....
cambiar (verbo regular) ....
cepillo de dientes (el) ....
ciclismo (el) ....
científico, científica (el, la) ....
cima (la) ....
cine (el) ....
ciudad (la) ....
clase (la) ....
cometa (la) ....
conquistar (verbo regular) ....
conservación (la) ....
continente (el) ....
convivencia (la) ....
corre**g**ir (verbo irregular) ....
costa (la) ....
costumbre (la) ....
cuidar (verbo regular) ....
curioso, curiosa ....

D
desayunar (verbo regular) ....
desierto (el) ....
desp**e**dir (verbo irregular) ....
disfrutar (verbo regular) ....
distinto, distinta ....

E
ecológico, ecológica ....
edad (la) ....
el año pasado (expresión) ....
enero ....
enfermo, enferma ....
entrenamiento (el) ....
entrenar (verbo regular) ....
época (la) ....
equipo (el) ....
equitación (la) ....
error (el) ....
eructar (verbo regular) ....
escalar (verbo regular) ....
esco**g**er (verbo irregular) ....
esta semana (expresión) ....
este mes (expresión) ....
estereotipo (el) ....
experiencia (la) ....
expli**c**ar (verbo irregular) ....
explorar (verbo regular) ....
extranjero, extranjera ....

F
facilitar (verbo regular) ....
fin de semana (el) ....

G
gente (la) ....
geografía (la) ....
glaciar (el) ....
gorra (la) ....
guía (el, la) ....

H
habitante (el, la) ....
hace un rato (expresión) ....
hace x días (expresión) ....
hacer los deberes (expresión) ....
hacer un *picnic* (expresión) ....
hielo (el) ....
huerto (el) ....

I
iceberg (el) ....
indi**c**ar (verbo irregular) ....
inmigrante (el, la) ....
insecto (el) ....
integración (la) ....
invierno (el) ....
invitado, invitada (el, la) ....

J
jugador, jugadora (el, la) ....

L
la semana pasada (expresión) ....
lavar (verbo regular) ....
levantar (verbo regular) ....
linterna (la) ....
ll**o**ver (verbo irregular) ....

lluvia (la)

M

mañana (expresión)
mar (el)
maravilloso, maravillosa
mar**c**ar (verbo regular)
mérito (el)
mochila (la)
montaña (la)
montar (verbo regular)
m**o**strar (verbo irregular)
m**o**ver (verbo irregular)
mundo (el)

N

naturaleza (la)
Navidades (las)
nieve (la)

O

objetivo (el)
objeto (el)
obt**en**er (verbo irregular)
océano (el)
ofre**c**er (verbo irregular)
opción (la)
organizar (verbo regular)

P

país (el)
pasión (la)
peinar (verbo regular)
pelota (la)
pena (la)
pertene**c**er (verbo irregular)
pico (el)
pie (el)
piscina (la)
planta (la)
plato (el)
playa (la)
población (la)
pregunta (la)
primo, prima (el, la)
producto (el)
protector solar (el)
puerta (la)

R

rápido, rápida
recibir (verbo regular)
reciclaje (el)
recipiente (el)
reclamar (verbo regular)
reco**g**er (verbo irregular)
redactar (verbo regular)
regresar (verbo regular)
respeto (el)
responder (verbo regular)
respuesta (la)
riesgo (el)

S

saco de dormir (el)
seco, seca
separar (verbo regular)
septiembre
sílaba (la)
simpático, simpática
sistema (el)
situar (verbo regular)
social
sociedad (la)
solucionar (verbo regular)
s**o**nar (verbo irregular)
subir (verbo regular)
submarinismo (el)
subrayar (verbo regular)
superar (verbo regular)
superficie (la)
sup**on**er (verbo irregular)

T

tamaño (el)
tarde
temperatura (la)
temporada (la)
tenis de mesa (el)
terrestre
territorio (el)
tiempo (el)
tienda de campaña (la)
tío, tía (el, la)
toalla (la)
tolerancia (la)
totalidad (la)
tradicional
turista (el, la)

U

un montón (expresión)
un rato (expresión)

V

vacaciones (las)
vegetación (la)
verano (el)
viaje (el)
viajero, viajera (el, la)
visitar (verbo regular)
v**o**lar (verbo irregular)
v**o**lver (verbo irregular)

Y

yudo (el)

Háblanos de tu infancia

Unidad 4

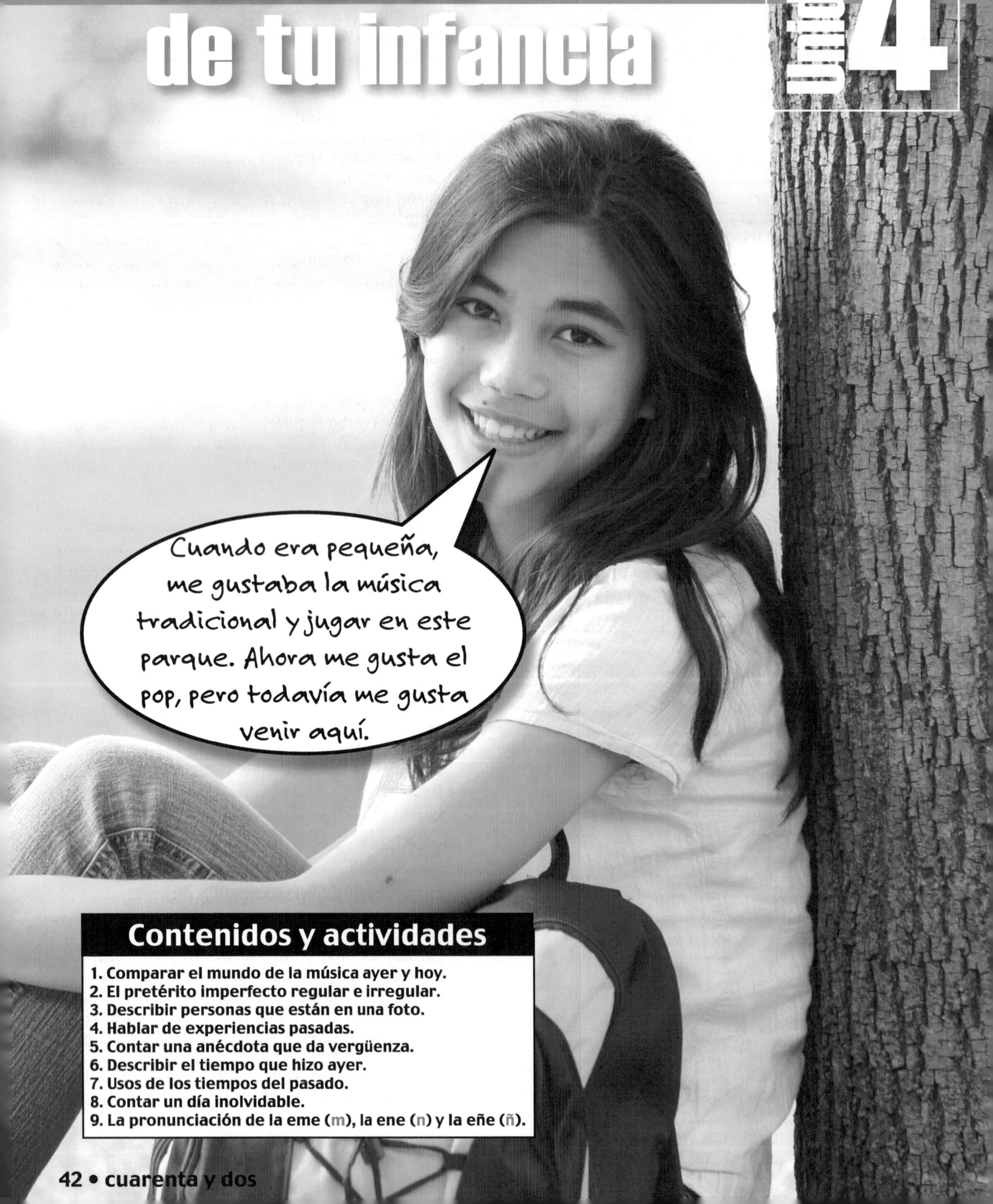

Contenidos y actividades

1. Comparar el mundo de la música ayer y hoy.
2. El pretérito imperfecto regular e irregular.
3. Describir personas que están en una foto.
4. Hablar de experiencias pasadas.
5. Contar una anécdota que da vergüenza.
6. Describir el tiempo que hizo ayer.
7. Usos de los tiempos del pasado.
8. Contar un día inolvidable.
9. La pronunciación de la eme (m), la ene (n) y la eñe (ñ).

Lección **7** Antes y ahora

1 El mundo de la música ayer y hoy

a. Busca en el texto una palabra o frase que signifique lo mismo que las siguientes.

1. Ignoraba
2. Bajar vídeos
3. Estar actualizado
4. Firma
5. Vida privada
6. Actuación musical

Antes no existían ni Facebook ni Twitter, la gente no sabía tantas cosas sobre la vida personal de los músicos como ahora. Cuando te gustaba un cantante o un grupo, escuchabas sus canciones en la radio o comprabas el disco en una tienda. Antes nadie podía ver vídeos en Internet. Cuando había un concierto, te ponías una camiseta de tu cantante o grupo favorito y, con mucha suerte, conseguías un autógrafo. Yo creo que había menos grupos y cantantes, en cambio hoy aparecen grupos y cantantes nuevos todo el tiempo. Además, ahora escuchamos música de todas las partes del mundo y, con las nuevas tecnologías, es muy fácil estar al día.

b. Completa el texto con las palabras adecuadas.

autógrafos – cantante – conciertos – disco – estribillo – fans – ídolo – redes sociales

Ser .... es una profesión muy dura. Es fácil grabar un ...., pero luego hay que promocionarlo. Tenemos que viajar mucho y dar .... en muchas ciudades.
Me gusta estar en contacto con los ...., pero a veces puede ser un poco agobiante porque te piden .... constantemente y todo el mundo quiere hacerse una foto con su .... y no paran de repetir el .... de tus canciones. Además tienes que estar en las .... porque todos quieren saber qué haces y de este modo es difícil tener vida privada.

c. Completa el cuadro con cinco palabras de la unidad en cada apartado.

Música					
Instrumentos					
Tecnología					

2 El pretérito imperfecto

Sigue los movimientos del caballo 1 del ajedrez, marca 10 formas del imperfecto y encuentra el camino. Luego, haz lo mismo con el caballo 2 para encontrar las 10 formas del perfecto simple. Por último, relaciona las diez formas del imperfecto con las correspondientes del perfecto simple.

Llegada del caballo 1 (↓ Estudiaba)

Llegada del caballo 2 (← Leyeron)

Tiene	Volví	Hablas	Estudiaba	Cantado	Estudia	Duerme	Tenéis
Lee	Piensas	Vas	Estudié	Comía	Escribe	Dice	Sabemos
Leyeron	Quisieron	Teníais	Vuelve	Escribes	Es	Pensaba	Encuentro
Eres	Buscan	Sabe	Coméis	Somos	Vives	Estuvo	Cambio
Vivimos	Oye	Querían	Estudian	Tuvisteis	Visto	Estudia	Volvía
Vivo	Cantas	Comí	Vuelvo	Leían	Viven	Ido	Pensó
Tengo	Soy	Hecho	Eras	Como	Roto	Vivíamos	Voy
Vas	Estaba	Beben	Son	Saben	Han	Fuiste	Estás

Salida del caballo 1 (↑ Estaba)

Salida del caballo 2 (↑ Fuiste)

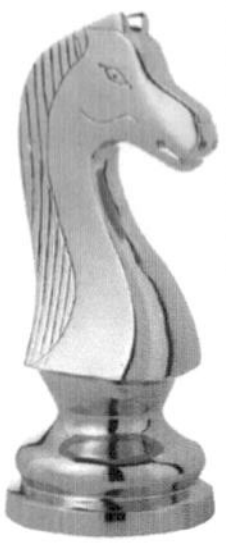

3 Describir personas que están en una foto

a. Completa la información de la tabla con los datos que escuchas.

Pista 35

	Antes
¿Cómo era el padre de Nico?	
¿Qué ropa llevaba?	
¿Cómo era la madre de Nico?	
¿Dónde vivía el padre de Nico?	
¿Dónde iba de vacaciones Nico de pequeño?	

b. Observa a estos tres famosos antes y ahora. Escribe seis frases.

Christian Bale
en *El Imperio del Sol* y hoy

Selena Gómez
de niña y hoy

Daniel Radcliffe
como Harry Potter y hoy

1. ....
2. ....
3. ....
4. ....
5. ....
6. ....

4 Hablar de experiencias pasadas

a. Lee este texto que cuenta las vacaciones de un chico y subraya las formas verbales en pretérito imperfecto.

De pequeño, solía ir de vacaciones a casa de mis abuelos, que vivían en un pueblo cerca de la sierra. Allí lo pasaba muy bien, porque jugaba con mis primos, que vivían en el pueblo también, y nos pasábamos todo el día en la calle. Por la mañana, solíamos ir a la piscina con mi tío. Después, comíamos y nos obligaban a dormir la siesta, pero a las seis ya estábamos de nuevo en la calle para jugar. Muchas veces, cenábamos en alguna terraza con los abuelos. Algunas noches, íbamos al cine de verano; otras íbamos a la feria o al parque. Durante esos meses, nos acostábamos tarde porque no teníamos que ir al colegio.

b. Ahora contesta, ¿verdadero o falso?

	V	F
1. Iba siempre al mismo sitio de vacaciones.	☐	☐
2. Sus primos también iban de vacaciones al pueblo.	☐	☐
3. Le gustaba jugar todo el día.	☐	☐
4. Estudiaba después de comer.	☐	☐
5. Estaba en la calle hasta tarde.	☐	☐

c. Completa este otro texto sobre la infancia de otro chico con el pretérito imperfecto.

Todos los años (pasar) .... los veranos en casa de mis abuelos, en el pueblo. (Ser) .... un pueblo pequeño. (Tener) .... muchos amigos, así que nunca nos (aburrir) .... Por la mañana, nosotros nos (bañar) .... en la piscina. Después, (comer) .... en casa y mi abuela me (obligar) .... a dormir la siesta, porque (hacer) .... mucho calor. Por la tarde, (jugar) .... en la calle con mis amigos hasta tarde. Y a veces (cenar) .... con ellos en el cine de verano. A nosotros nos (encantar) .... ver películas.

d. Y tú, ¿qué solías hacer en tus vacaciones? Escribe un texto, en tu cuaderno.

Lección

8 Una anécdota divertida

1 ¡Qué vergüenza!

¿Pretérito perfecto simple o pretérito imperfecto? Subraya la opción correcta.

Juan: ¿Cuál ha sido el día que habéis pasado más vergüenza en vuestra vida?
Ana: **Ocurrió/Ocurría** hace dos meses. **Fue/Era** viernes por la noche y **llovió/llovía**. Yo **fui/iba** a la fiesta de cumpleaños de una amiga y, de pronto, un coche **pasó/pasaba** a toda velocidad y me **salpicó/salpicaba**. **Llegué/Llegaba** a la fiesta llena de barro por todo el cuerpo.
Daniel: Ana, eso no es nada. **Fue/Era** el día 28 de diciembre, el Día de los Inocentes, **hizo/hacía** mucho frío, mi hermano me **puso/ponía** un muñeco en la espalda de la cazadora que **dijo/decía**: «Soy tonto», y yo **estuve/estaba** con él en la espalda dos horas en instituto.
Lola: Yo **olvidé/olvidaba** cambiarme las zapatillas de estar por casa y **tuve/tenía** que ir al instituto con ellas, porque no **hubo/había** nadie en casa ni **tuve/tenía** las llaves. ¡Qué vergüenza!
Juan: Ja, ja. Muy bueno, pero mi historia es peor. Un día **fui/iba** por la calle, **hizo/hacía** mucho calor, y de repente un chico **pisó/pisaba** una piel de plátano y se **agarró/agarraba** a mí para no caerse con tal fuerza que me **bajó/bajaba** los pantalones.
Lola: Ja, ja, ¿y te **quedaste/quedabas** en calzoncillos?
Juan: Sí, y me **puse/ponía** rojo como un tomate.

2 Describir el tiempo que hizo ayer

Mira el mapa del tiempo y escribe cinco frases con el tiempo que hizo ayer en Sudamérica.

Ayer ....
....
....
....
....
....
....
....
....

3 Usos de los tiempos del pasado

a. Completa las frases con la forma adecuada del pretérito imperfecto o del perfecto simple.

1. Cuando (salir) .... de casa, (hacer) .... sol, por eso Isabel no se (llevar) .... el paraguas. Pero, de pronto, (empezar) .... a llover y (volver) .... corriendo.
2. (Ser) .... martes, más de medianoche y yo (estar) .... solo en casa. Entonces alguien (llamar) .... a la puerta. Me (dar) .... un gran susto, pero (ser) .... mi hermana, que no (tener) .... las llaves.
3. El lunes (ver) .... a Juan en la calle. (Estar) .... muy triste. Es que (suspender) .... el examen de Mates.
4. (Estar) .... en una fiesta y, de repente, (llegar) .... una chica rubia. (Ser) .... guapísima. Nadie la (conocer) .... Sebas (conseguir) .... hablar con ella. Al día siguiente (ir) .... al cine juntos.

b. Escucha la historia y responde a las preguntas.

Pista 36

- ¿Dónde estaba el martes? ....
  ....
- ¿Qué hacía en el parque? ....
  ....
- ¿Quién apareció? ....
  ....
- ¿Por qué se puso nervioso? ....
  ....
- ¿Cuándo le dijo Isabel que quería salir con él? ....
  ....
- ¿Qué le respondió? ....
  ....

c. Completa el texto con los verbos del recuadro en el tiempo adecuado.

abrir – comer – empezar – intentar – ir – Llamar – llegar – lograr – meterse – pasar – poner – sacar

Como Caperucita .... por el camino más largo, el lobo .... antes a casa de la abuelita. .... suavemente a la puerta y la anciana le .... El lobo se .... a la abuelita entera, se .... su ropa y .... en la cama.

Caperucita Roja, contenta de ver a su abuela, ... a hablar con el lobo que .... comerse también a la niña. Gracias a un cazador, que .... por allí, Caperucita .... salvarse y el cazador .... a la abuela del estómago del lobo.

4 Contar un día inolvidable

a. Lee los mensajes y subraya las expresiones de valoración.

Canal | Contactes

Lola: Un día muy especial... para mí fue el verano pasado. Hacía sol y fuimos a nadar a la playa. Estaba en el agua cuando de repente vi, justo a mi lado, un delfín. Fue una pasada.

Isabel: Estaba en el parque con mi perro. De pronto aparecieron un montón de periodistas. «¿Qué pasa?», pensé, y de pronto vi pasar a Ricky Martin, que también paseaba a su perro. Fue una pena, no pude pedirle un autógrafo.

Sebastián: Un día inolvidable fue el día que mi equipo consiguió ganar la liga. Era el último partido, perdíamos por tres goles. En los diez últimos minutos marcamos tres y justo antes de acabar el partido conseguimos un penalti y marcamos el gol de la victoria. ¡Fue increíble!

Daniel: Más que un día fue una semana, la semana que pasé en el Camp Rock. En este campamento aprendí a cantar y tocar la guitarra. Conocí a un montón de gente y lo pasamos fenomenal. Quiero ir el año que viene. ¡Fue muy divertido!

b. Encuentra en el texto quién...

Ganó un partido.

....

Nadó con un animal.

....

Estuvo en un campamento muy creativo.

....

Se encontró con un personaje famoso.

....

c. Escribe un texto sobre un día inolvidable para ti.

....

....

....

....

5 La pronunciación de la eme, la ene y la eñe

Marca la palabra que escuchas.

Pista 37

☐ cana	☐ caña
☐ dama	☐ daña
☐ mono	☐ moño
☐ pena	☐ peña
☐ una	☐ uña
☐ rima	☐ riña
☐ pena	☐ peña
☐ nina	☐ niña

EDUCACIÓN PARA LA CIUDADANÍA

Los derechos de los ancianos

1 **Lee este texto y ponle un título.**

El respeto por los mayores es parte de la cultura oriental, nunca olvido una extraordinaria experiencia que viví en la cultura japonesa. Recuerdo que estábamos reunidos con el ministro de Relaciones Exteriores de Japón, junto a cuatro colegas centroamericanos y las intérpretes. De repente entró con todo respeto un anciano que le entregó algo al señor ministro. El ministro enseguida se puso de pie y saludó con una reverencia al anciano y le despidió con mucho respeto. Me invadió la curiosidad y, cuando terminó la reunión, le pregunté a la intérprete quién era ese señor que llegó y que saludó con tanto respeto el señor ministro, la respuesta fue: «Ese señor es el portero, lo que sucede es que en este país se respeta a las personas mayores, no importa el cargo».

Por Miguel Osmundo Mejía Erazo

http://www.latribuna.hn/2012/04/12/la-cultura-de-respeto-a-los-mayores/

2 **Saca dos lecciones morales del texto que has leído.**

3 **Observa esta página web y responde a las preguntas.**

1. ¿SECOT es una empresa?
2. ¿Quiénes colaboran en ella?
3. ¿Por qué asesora a jóvenes emprendedores?
4. ¿Crees que sus consejos pueden ser buenos? ¿Por qué?
5. En tu país, ¿existen iniciativas parecidas?

ESPACIO INTERDISCIPLINAR

¡ME GUSTA LA MÚSICA!

1 ORDENA LAS LETRAS Y DESCUBRE LOS INSTRUMENTOS MUSICALES.

moBob	→	parA	→ ....
laVio	→	Voinli	→ ....
Faluta	→	Clanerite	→ ....

2 UNOS CHICOS JUEGAN A DEFINIR. ¿DE QUÉ PALABRA HABLAN?

☐ Ritmo
☐ Pentagrama
☐ Nota
☐ Orquesta
☐ Clave

a. Hay varios tipos: rápido o lento. Es un movimiento regular que marca la música.
b. Hay siete y cada una tiene un sonido diferente.
c. Es un conjunto de gente que toca diferentes instrumentos.
d. Signo que se pone al comienzo del pentagrama para determinar la entonación.
e. Son cinco líneas sobre las que se escriben las notas.

3 LEE EL TEXTO Y SUBRAYA CINCO INSTRUMENTOS QUE TOCA AIMEE-LOUISE. LUEGO MARCA SI LAS FRASES SON VERDADERAS O FALSAS.

Adolescente toca 5 instrumentos pese a ser completamente sorda

Aimee-Louise Paddock tiene 18 años y puede tocar 5 instrumentos, a pesar de ser completamente sorda. Esta adolescente inglesa, que interpreta a la perfección el piano, la flauta, el saxofón, la guitarra y los teclados, perdió la audición de su oído izquierdo a los 16 años y pocos meses después perdió su otro oído. Los médicos no pudieron descubrir la causa de su repentina pérdida de audición. Pero Aimee nunca abandonó su sueño de estudiar música, así que se matriculó en el Royal Welsh College of Music en Cardiff, donde es una estudiante destacada. Su gusto por la música empezó a los 12 años, cuando al ver por televisión a Lisa Simpson, decidió aprender a tocar el saxofón como ella. Luego siguió con los otros instrumentos y ahora, cuatro años después, aunque no logra escuchar ni una sola nota, es miembro de varias orquestas.

Extraída de http://www.audiocom.com.co/revista/3-adolescente-toca-5-instrumentos-pese-a-ser-completamente-sorda.html

	V	F
1. Aimee-Louise solo toca instrumentos de cuerda.	☐	☐
2. Su pasión por la música se despertó a los 16 años.	☐	☐
3. Aimme-Louise se quedó sorda, pero no aún no saben por qué.	☐	☐
4. En tan solo cuatro años ha conseguido dominar cinco instrumentos musicales.	☐	☐
5. Hoy día toca en una orquesta en Cardiff.	☐	☐

Autoevaluación

Portfolio: evalúa tus conocimientos de español.

Después de hacer la unidad 4
Fecha: ....

	Nivel alcanzado			
	Insuficiente	Suficiente	Bueno	Muy bueno
Comunicación - Puedo describir un estilo de música. Escribe las expresiones:	☐	☐	☐	☐
- Puedo hablar del tiempo. Escribe las expresiones:	☐	☐	☐	☐
- Puedo describir sentimientos. Escribe las expresiones:	☐	☐	☐	☐
Gramática - Conozco la forma de los verbos en pretérito imperfecto. Escribe algunos ejemplos:	☐	☐	☐	☐
- Sé utilizar el pretérito imperfecto en distintos usos. Escribe algunos ejemplos:	☐	☐	☐	☐
- Sé distinguir la diferencia entre el perfecto simple y el imperfecto. Escribe algunos ejemplos:	☐	☐	☐	☐
Vocabulario - Conozco las palabras relacionadas con la música. Escribe las palabras que recuerdas:	☐	☐	☐	☐
- Conozco los nombres de los instrumentos. Escribe las palabras que recuerdas:	☐	☐	☐	☐
- Conozco los adjetivos para valorar la música. Escribe las palabras que recuerdas:	☐	☐	☐	☐

Mi diccionario

Traduce las principales palabras de la unidad 4 a tu idioma.

A

aburrir (verbo regular) ....
acompañar (verbo regular) ....
ac**o**rdarse (verbo irregular) ....
activo, activa ....
actuación (la) ....
agobiarse (verbo regular) ....
ajedrez (el) ....
altruista ....
anali**z**ar (verbo irregular) ....
ancho, ancha ....
anciano, anciana (el, la) ....
ánimo (el) ....
apare**c**er (verbo irregular) ....
arpa (el, nombre femenino) ....
asesor, asesora (el, la) ....
asesorar (verbo regular) ....
asociación (la) ....
atreverse (verbo regular) ....
autógrafo (el) ....

B

bailable ....
bajar (verbo regular) ....
balón (el) ....
bigote (el) ....
bombo (el) ....

C

calle (la) ....
calzoncillo (el) ....
camino (el) ....
canción (la) ....
cantante (el, la) ....
cantar (verbo regular) ....
cascos (los) ....
cazador, cazadora (el, la) ....
clarinete (el) ....
clásico, clásica ....
colaborar (verbo regular) ....
com**e**n**z**ar (verbo irregular) ....
concierto (el) ....
confidencial ....
conjunto (el) ....
cons**egu**ir (verbo irregular) ....
consejo (el) ....
constantemente ....
contacto (el) ....
contrabajo (el) ....
curiosidad (la) ....

D

de pronto (expresión) ....
de repente (expresión) ....
delgado, delgada ....
desarrollo (el) ....
descar**g**ar (verbo irregular) ....
desear (verbo regular) ....
desp**e**rtar (verbo irregular) ....
desta**c**ar (verbo irregular) ....
diri**g**irse (verbo irregular) ....
disco (el) ....
dominar (verbo regular) ....

E

emprendedor, emprendedora ....
entrada (la) ....
especial ....
espíritu (el) ....
estresante ....
estribillo (el) ....
extraordinario, extraordinaria ....

F

fagot (el) ....
famoso, famosa ....
fan (el, la) ....
favorito, favorita ....
fenomenal ....
feria (la) ....
firma (la) ....
flauta (la) ....

G

ganar (verbo regular) ....
gestión (la) ....
gol (el) ....
grabar (verbo regular) ....
grupo de música (el) ....
guapo, guapa ....
guitarra (la) ....

H

hablar mal de alguien (expresión) ....
hacer bueno/malo/frío/calor (expresión) .....
....

I

ignorar (verbo regular) ....
infancia (la) ....
inocente ....
inolvidable ....
instrumento de cuerda (el) ....
instrumento de música (el) ....
instrumento de percusión (el) ....
instrumento de viento (el) ....
intentar (verbo regular) ....
interpretar (verbo regular) ....
intérprete (el, la) ....

J

jubilado, jubilada (el, la) ....

L

lento, lenta
letra (la, de una canción)
lobo (el)
lograr (verbo regular)

M

madre (la)
matricular (verbo regular)
medianoche (la)
médico, médica (el, la)
mensaje (el)
moderno, moderna
molesto, molesta
montón (el)
muñeco, muñeca (el, la)
música (la)
músico (el, la)

N

n**e**var (verbo irregular)
nota (la, musical)
nube (la)
nublado
nunca

O

obli**g**ar (verbo irregular)
oboe (el)
ocurrir (verbo regular)
olvidar (verbo regular)
orquesta (la)

P

padre (el)
pasar miedo (expresión)
pasar vergüenza (expresión)
pasear (verbo regular)
p**e**dir (verbo irregular)
pentagrama (el)
p**e**rder (verbo irregular)
perfección (la)
periodista (el, la)
perro, perra (el, la)
personaje (el, la)
personal
piano (el)
platillos (los)
poner verde (expresión)
ponerse morado (expresión)
ponerse negro (expresión)
ponerse rojo (expresión)
portero, portera (el, la)
profesión (la)
promocionar (verbo regular)
pronunciación (la)
prop**on**er (verbo irregular)

Q

quedarse blanco (expresión)
qu**er**er (verbo irregular)

R

recono**c**er (verbo irregular)
recuerdo (el)
r**eí**r (verbo irregular)
relajante
rep**e**tir (verbo irregular)
reunión (la)
ritmo (el)

S

sa**c**ar (verbo irregular)
saxofón (el)
s**egu**ir (verbo irregular)
siesta (la)
signifi**c**ar (verbo irregular)
sol (el)
soleado
s**o**ler (verbo irregular)
sonido (el)
sonr**eí**r (verbo irregular)
sordo, sorda
sorprendente
suceder (verbo regular)
sueño (el)
suerte (la)
suspenso (el)
susto (el)

T

tambor (el)
teclado (el)
timbal (el)
tocadiscos (el)
to**c**ar (verbo irregular)
tomate (el)
tormenta (la)
triste
trombón (el)
trompa (la)
trompeta (la)
tuba (la)

V

velocidad (la)
verdad (la)
vergüenza (la)
viola (la)
violín (el)
violonchelo (el)
voluntario, voluntaria

X

xilófono (el)

Recibe y da consejos

Unidad 5

Contenidos y actividades

1. Hablar de las actividades de unos jóvenes únicos.
2. El 8 de marzo, el Día Internacional de la Mujer.
3. Los nombres de las profesiones.
4. Los estilos de aprendizaje.
5. Contar lo que te pasa.
6. Las profesiones en un hospital.
7. Los nombres de las partes del cuerpo humano.
8. El verbo doler.
9. El botiquín y los nombres de los tipos de medicamentos.
10. Los remedios y los consejos.

Lección

9 Una profesión de futuro

1 Unos jóvenes únicos

Completa los textos con estas palabras.

aplicación – bachillerato – conciertos – curar – empresa – encantan – escribir – ingeniero – instrumento – inteligentes – médico – música – orquestas – por – practicar – programador – revistas – salir – toca – universidad

Andrew Almazán, 12 años.

Es mexicano y está en un programa para niños muy .... El curso pasado terminó el .... y ahora estudia en la .... Medicina y Psicología, porque, en el futuro, quiere ser .... cirujano o psicólogo para .... y ayudar a las personas enfermas. Sus asignaturas favoritas son: Matemáticas, Biología, Física y Química. También le gusta .... artes marciales y *hockey* sobre hielo, y .... con sus amigos.

Jorge Izquierdo, 16 años.

Jorge vive en Madrid y, a los 14 años, creó una .... *app* para avisar si llegas tarde a casa. Hoy ya es .... de teléfonos móviles para una importante .... de tecnología. Además de la informática le .... las Matemáticas y las ciencias en general, pero también le gusta mucho la Lengua y .... para su blog. En el futuro quiere ser .... de telecomunicaciones, informático para una gran empresa o escritor para .... sobre informática.

Carla Marrero, 13 años.

Carla es española y vive en Albacete. Le encanta la .... en general y el .... que más le gusta es el violín. Lo toca desde los dos años y ahora lo .... en el instituto, pero a veces también en .... y festivales internacionales. Ya ha dado .... en el Teatro Real. Sus asignaturas favoritas son: Informática, Educación Física, Lengua, Literatura, Historia y, por supuesto, Música. En el futuro, quiere ser una violinista famosa y viajar .... todo el mundo.

2 El 8 de marzo, el Día Internacional de la Mujer

a. Encuentra estos temas en los párrafos del texto.

a) Situación laboral entre hombres y mujeres.
b) Origen del Día de la Mujer.
c) Historia del 8 de marzo en España.
d) Reconocimiento oficial del Día de la Mujer.
e) Responsabilidades de las tareas del hogar entre hombres y mujeres en España.

☐ Hay versiones distintas sobre el origen del 8 de marzo. La más conocida es la de Nueva York en 1857 en la que un grupo de mujeres trabajadoras protestó, por primera vez, por las malas condiciones de su trabajo y por su bajo salario.

☐ En 1977 las **Naciones Unidas** reconocieron oficialmente el Día de la Mujer. En esta fecha las mujeres luchan por la igualdad social, política y económica. Por eso el día 8 de marzo celebramos en España y en muchos otros países el **Día Internacional de la Mujer Trabajadora o Día Internacional de la Mujer.**

☐ Hoy en día mujeres y hombres tienen los mismos trabajos, y no es extraño encontrar: médicas, científicas, abogadas, ingenieras, policías, conductoras de autobús, bomberas, juezas, políticas, etc., pero incluso en las sociedades más avanzadas, los puestos más importantes los tienen, generalmente, los hombres.

☐ La incorporación de las mujeres al mercado laboral ha cambiado los modelos de vida de la sociedad española. Por ejemplo, antes las mujeres cuidaban exclusivamente del hogar y la familia, y ahora hombres y mujeres comparten el mundo laboral. No obstante, sigue existiendo desigualdad en el reparto del trabajo y las responsabilidades de las tareas domésticas.

☐ En España, el primer 8 de marzo se celebró en 1977, y un año más tarde, en 1978, la **Constitución Española** reconoció la igualdad ante la ley entre hombres y mujeres. Por todas estas razones y muchas más el 8 de marzo es un día muy importante para recordar la igualdad de derechos entre hombres y mujeres y para celebrar «el ser mujer».

b. Contesta a las preguntas sobre el texto.

1. ¿Qué se celebra el día 8 de marzo?, ¿por qué y para qué se celebra este día?
2. ¿Existen desigualdades entre hombres y mujeres hoy en día?, ¿por qué?
3. ¿Qué profesiones o tareas crees que tenían exclusivamente las mujeres en el pasado?
4. Escribe todas las profesiones en femenino y masculino que aparecen en el texto.
5. ¿Celebras el Día de la Mujer en tu país?, ¿cómo?

3 Los nombres de las profesiones

a. Escribe el nombre de las profesiones que realizan estas mujeres.

De *Jugar y colorear*

b. Ordena y clasifica las profesiones por sufijos.

c. ¿Cuáles de estas profesiones son iguales en masculino?

4 Los estilos de aprendizaje

a. ¿Qué es importante o necesario para ser un buen estudiante? Escribe diez frases con técnicas y consejos para ser un buen estudiante.

Ejemplo: ***Para ser un buen estudiante es importante/ necesario... estudiar todos los días.***

1. ....
2. ....
3. ....
4. ....
5. ....
6. ....
7. ....
8. ....
9. ....
10. ....

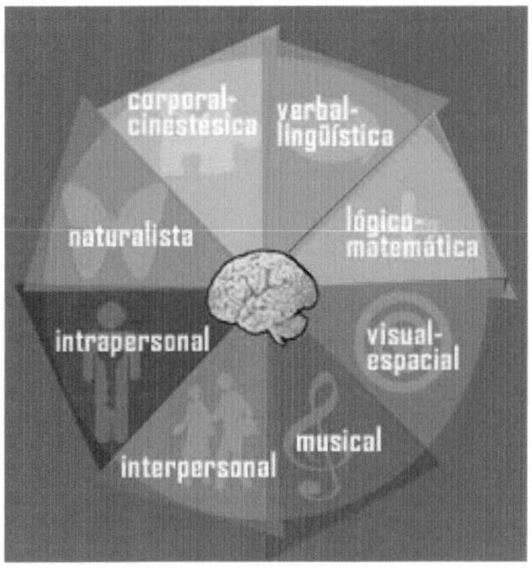

De *Psicopedagogía: más allá de la escuela*

Pista 38

b. Y tú, ¿cómo aprendes? Escucha a cinco estudiantes e identifica a qué tipo de inteligencia o inteligencias pertenecen.

Lección

10 Los profesionales de la medicina

1 ¿Qué te pasa?

Lee y pon en orden el diálogo.

☐ Isabel: ¡Ah! Pues yo también tengo que ir al dentista hoy. Desde ayer me duele mucho esta muela.

☐ Isabel: ¡Jesús!

☐ Isabel: ¡Pobre Nico! No podemos jugar a la Wii en casa de Sebastián esta tarde. Tienes que ir al médico, comprar las medicinas en la farmacia y descansar todo el fin de semana en casa.

☐ Isabel: ¡Ponte bueno muy pronto!

☐ Isabel: ¡Qué mala cara tienes, Nico! ¿Qué te pasa?

☐ Isabel: ¡Qué va! ¡No pasa nada! Bueno, luego te llamo para ver cómo te encuentras, ¿vale?

☐ Nico: ¡Tú también, Isabel!

☐ Nico: ¡Uff!, ¡qué dolor, Isabel! Pues a mí me dan mucho miedo los dentistas...

☐ Nico: Ay, gracias. ¿Lo ves? Y también me duelen los oídos, los brazos y las piernas. Yo creo que estoy bastante enfermo: o estoy resfriado o tengo gripe.

☐ Nico: Muchas gracias, Isabel, y suerte con la muela.

☐ Nico: No sé, me encuentro fatal. Me duelen la cabeza y la garganta, tengo fiebre, tengo tos y mucha congestión. ¡Mira! Tengo la nariz roja de tanto estornudar, estornudar y estornuda-a-aaa-rrrrrr... ¡Achússs!, ¡achússs!, ¡achússs!

☐ Nico: Sí, sí, tienes razón. Esta tarde me lleva mi madre al médico.

2 Las profesiones en un hospital

a. En un hospital hay muchos profesionales y cada uno cumple una función diferente. Escucha las frases sobre qué es importante o necesario en cada profesión y completa las frases.

Pista 39

1. Para ser .... es necesario .... habilidoso y .... muy bien el cuerpo humano.
2. Para ser .... es importante .... las medicinas y estudiar ....
3. Para ser .... es necesario .... Medicina y .... un buen trato con las personas.
4. Para ser .... es importante .... muy bien todos los dientes y también .... habilidoso.
5. Para ser .... es necesario .... , ... y .... medicinas a los enfermos.
6. Para ser .... en el hospital es necesario .... a los niños enfermos que están en el hospital y no pueden ir a su escuela.
7. Para ser .... es importante .... a los demás y estudiar ....
8. Para ser .... de limpieza es importante .... y .... todo en orden en el hospital.
9. Para ser .... es importante .... y .... reír a los niños en el hospital.
10. Para ser .... es necesario .... todos los tipos de alimentos y .... bien el .... humano.

b. Escribe las profesiones mencionadas en la audición anterior según el dibujo y género correspondiente.

psicólogo/a - payaso/a - cirujano/a - enfermero/a - médico/a - personal de limpieza - profesor/a - dietista

C _ _ _ _ _ _ _   _ _ D _ _ _   _ N _ _ _ _ _ _ O   _ _ _ F _ _ _ _ _

_ S _ _ _ _ _ _ _ _   P _ _ S _ _ _ _   _ _ Y _ _ _   _ _ _ _ _ S _ _

_ _ _ _ _ _ _ _ _ _ _

Imágen propuesta de Recursos educativos de la *Universidad del paciente*

3 Los nombres de las partes del cuerpo humano

Escribe las palabras con su artículo correspondiente.

a. ...... c..............................

b. ...... g..............................

c. ...... p..............................

d. ...... e..............................

e. ...... p..............................

f. ...... p..............................

g. ...... r..............................

h. ...... m..............................

i. ...... b..............................

j. ...... h..............................

4 El verbo *doler*

Escribe qué les duele.

1 

....

2 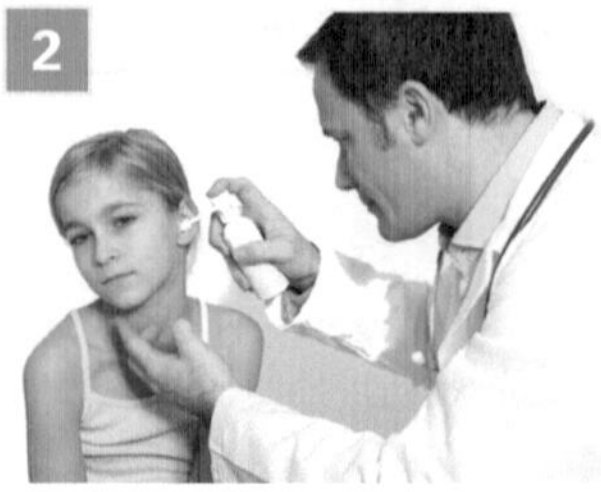

....

3 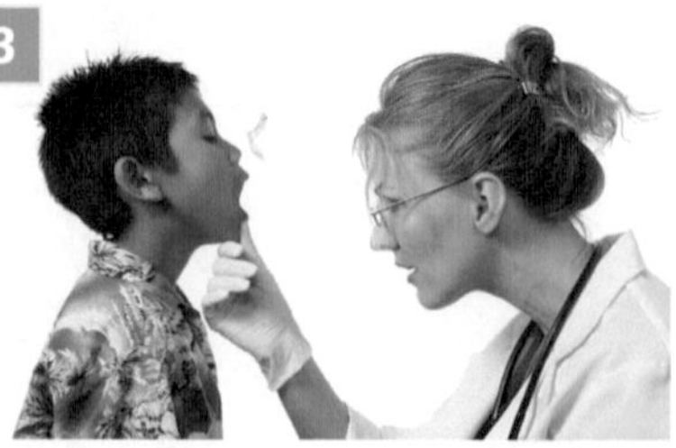

....

4 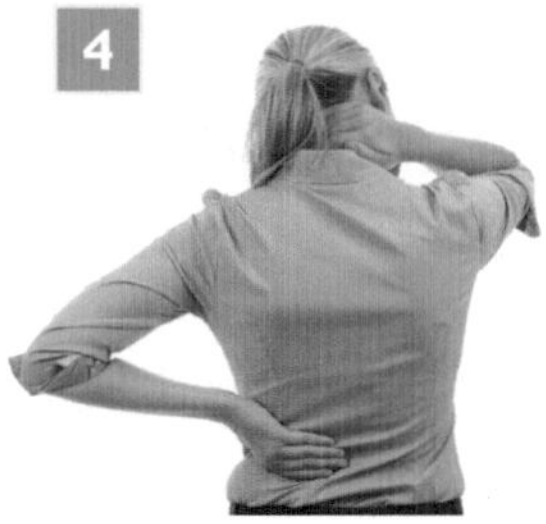

....

5 

....

6 

....

5 El botiquín y los nombres de los tipos de medicamentos

Completa el nombre de las medicinas.

 Las ....

 Las ....

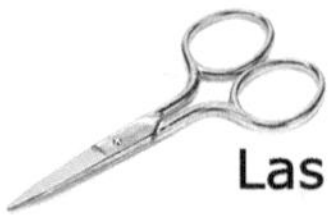 Las ....

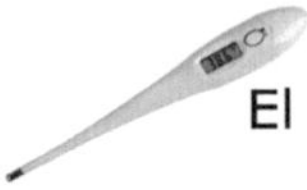 El ....

 El ....

El ....

La ....

6 Los remedios y los consejos

Escucha y después completa el texto.

Pista 40

¡Qué .... de .... tan ocupado! Hoy no me puedo ...., ¡me .... todo el ....!

Viernes: examen de ...., todo el día estudiando con el ordenador: me .... los .... y también la ....

Sábado: fiesta en casa de Rafael, ¡toda la tarde comiendo y bailando!: me .... mucho los .... y la .... por la música tan alta y los .... de tanto bailar. También el .... por comer tarta de chocolate, patatas fritas y miles de gominolas.

Domingo: ordenar y limpiar mi habitación: me .... los .... y las ....

EDUCACIÓN PARA LA CIUDADANÍA

Come de forma saludable

La fiambrera es un invento americano utilizado desde 1946 hasta la actualidad por muchas personas que diariamente tienen que comer fuera de casa. Este invento es muy conocido también por el nombre de su inventor, el señor Earl S. Tupper.

En España cada vez más niños llevan al colegio la comida en una fiambrera o *tupper* en lugar de comer en casa o en el comedor del colegio por varias razones: es económico, equilibrado y sano para nuestra dieta, y muy fácil de preparar.

No obstante, es esencial preparar nuestro menú de una forma sana y equilibrada, ¡y es muy divertido! Solo hay que dividir un plato en 4 partes con los 4 grupos básicos de alimentos:

1. **Cereales** e hidratos de carbono: pan, patatas, pasta, arroz...
2. **Verduras:** ensalada, verdura cocida, gazpacho, puré...
3. **Proteínas:** ternera, pollo, pavo, cerdo, pescado, huevos, fiambre...
4. **Frutas:** plátano, manzana, naranja...

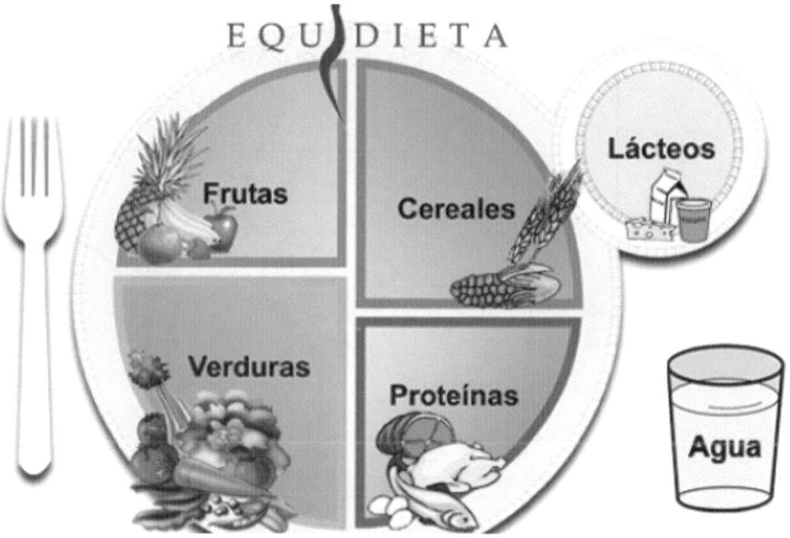

Imagen de *Tu dieta equilibrada*

También tenemos que incluir un producto lácteo, como yogur o queso, y beber aproximadamente dos litros de agua al día. ¡Ah! Y no olvidar que cada día nuestro menú tiene que ser diferente.

1 **Tienes que preparar el menú de tu fiambrera para toda la semana. Recuerda que debe tener los cuatro grupos, un lácteo y cada día debe ser diferente.**

Alimentos básicos	LUNES	MARTES	MIÉRCOLES	JUEVES	VIERNES
Cereales e hidratos de carbono					
Verduras					
Proteínas					
Frutas					
Productos lácteos					

2 **Y tú, ¿qué prefieres, comer de *tupper* o comer en el comedor del colegio? Razona tu respuesta y comenta las posibles ventajas y desventajas.**

ESPACIO INTERDISCIPLINAR

¡ME GUSTA LA EDUCACIÓN FÍSICA!

1 FÍJATE EN ESTOS TRES DIBUJOS. ¿CUÁL CREES QUE ES LA FORMA MÁS CORRECTA PARA LLEVAR LA MOCHILA ESCOLAR? SEÑALA EL DIBUJO CORRECTO CON UNA X. SOLO HAY UNO.

Imagen y propuesta de http://saude-joni.blogspot.com

2 AHORA SEÑALA Y ESCRIBE LAS PARTES DEL CUERPO DONDE LOS CHICOS QUE LLEVAN MAL LA MOCHILA PUEDEN TENER DOLORES.

Escribe ocho consejos relacionados con el cuidado de la espalda. Aquí tienes algunos ejemplos: remedios para el dolor de espalda, recomendaciones para llevar correctamente la mochila escolar, etc.

1. ....
2. ....
3. ....
4. ....
5. ....
6. ....
7. ....
8. ....

SI QUIERES SABER MÁS SOBRE CÓMO CUIDAR LA ESPALDA, LEE Y COMPLETA EL TEST DE CONOCIMIENTO DE «EL TEBEO DE LA ESPALDA»:

HTTP://WWW.ESPALDA.ORG/DIVULGATIVA/COMO_ES_FUNCIONA/COMOES.ASP

Autoevaluación

Portfolio: evalúa tus conocimientos de español.

Después de hacer la unidad 5
Fecha: ....

	Nivel alcanzado			
	Insuficiente	Suficiente	Bueno	Muy bueno
Comunicación - Puedo describir estados físicos y dolores. Escribe las expresiones:	☐	☐	☐	☐
- Puedo mencionar las actividades profesionales. Escribe algunos ejemplos:	☐	☐	☐	☐
- Puedo explicar qué profesión quiero tener y justificarlo. Escribe algunos ejemplos:	☐	☐	☐	☐
Gramática - Sé utilizar el verbo *doler*. Escribe algunos ejemplos:	☐	☐	☐	☐
- Sé utilizar la expresión *tener dolor de.* Escribe algunos ejemplos:	☐	☐	☐	☐
- Conozco las terminaciones de los sustantivos de las profesiones. Escribe algunos ejemplos:	☐	☐	☐	☐
Vocabulario - Conozco los nombres de las profesiones. Escribe las palabras que recuerdas:	☐	☐	☐	☐
- Conozco los verbos para describir las actividades profesionales. Escribe las palabras que recuerdas:	☐	☐	☐	☐
- Conozco los nombres de los tipos de inteligencias. Escribe los nombres que recuerdas:	☐	☐	☐	☐
- Conozco los nombres de los medicamentos y remedios. Escribe las palabras que recuerdas:	☐	☐	☐	☐

Mi diccionario

Traduce las principales palabras de la unidad 5 a tu idioma.

A

abogado, abogada (el, la) ....
aceite (el) ....
actor, actriz (el, la) ....
actualidad (la) ....
alcohol (el) ....
algodón (el) ....
alimentos (los) ....
andar (verbo irregular) ....
apagar incendios ....
aplicación *app* (la) ....
aprendizaje (el) ....
arquitecto, arquitecta (el, la) ....
arroz (el) ....
artes marciales (las) ....
artista (el, la) ....
asignatura (la) ....
atleta (el, la) ....
autobús (el) ....

B

bachillerato (el, la) ....
bailarín, bailarina (el, la) ....
biólogo, bióloga (el, la) ....
bombero, bombera (el, la) ....
botiquín (el) ....
brazo (el) ....

C

carne (la) ....
carpintero, carpintera (el, la) ....
cebolla (la) ....
celebrar (verbo regular) ....
cerdo (el) ....
cereal (el) ....
cirujano, cirujana (el, la) ....
cocinar (verbo regular) ....
cocinero, cocinera (el, la) ....
compartir (verbo regular) ....
compositor, compositora (el, la) ....
conductor, conductora (el, la) ....
conferenciante (el, la) ....
congestión (la) ....
constructor, constructora (el, la) ....
contable (el, la) ....
cuerpo humano (el) ....
curar (verbo regular) ....

D

dar consejos (expresión) ....
decorador, decoradora (el, la) ....
dedo (el) ....
dentista (el, la) ....
dependiente, dependienta (el, la) ....
....
desigualdad (la) ....
desventaja (la) ....
detective (el, la) ....
dibujar (verbo regular) ....
dieta (la) ....
dietista (el, la) ....
dig**e**rir (verbo irregular) ....
director, directora de orquesta (el, la) ....
....
diseñador, diseñadora (el, la) ....
doctor, doctora (el, la) ....
d**o**ler (verbo especial irregular) ....
dolor (el) ....

E

ecologista (el, la) ....
económico, económica ....
electricista (el, la) ....
enfermero, enfermera (el, la) ....
ensalada (la) ....
equilibrado, equilibrada ....
escritor, escritora (el, la) ....
escuela (la) ....
espalda (la) ....
estómago (el) ....
estornudar (verbo regular) ....
estudiante (el, la) ....
examen (el) ....
existir (verbo regular) ....
extraño, extraña ....

F

farmacéutico, farmacéutica (el, la) ....
farmacia (la) ....
fecha (la) ....
fiambre (el) ....
fiambrera (la) ....
fiebre (la) ....
filósofo, filósofa (el, la) ....
fotógrafo, fotógrafa (el, la) ....
fruta (la) ....
futuro (la) ....

G

garganta (la) ....
gimnasta (el, la) ....
golosinas (las) ....
gripe (la) ....

H

habilidoso, habilidosa ....
habitación (la) ....
hacer abdominales (expresión) ....
hacer pesas (expresión) ....
hacer una terapia (expresión) ....
hidratos de carbono (los) ....
hogar (el) ....

hombre (el) ....
hospital (el) ....
huevo (el) ....

I

igualdad (la) ....
informar (verbo regular) ....
informática (la) ....
informático, informática (el, la) ....
ingeniero, ingeniera (el, la) ....
instalar (verbo regular) ....
inteligencia (la) ....
inteligente ....

J

jamón cocido (el) ....
jarabe (el) ....
juez, jueza (el, la) ....

L

laboral ....
lácteo, láctea ....
lechuga (la) ....
legumbre (la) ....
ley (la) ....
limpiar (verbo regular) ....
limpieza (la) ....
litro (el) ....
luchar (verbo regular) ....

M

maestro, maestra (el, la) ....
manzana (la) ....
mecánico, mecánica (el, la) ....
medicamento (el) ....
medicina (la) ....
menú (el) ....
miedo (el) ....
modelo (el, la) ....
muela (la) ....
mujer (la) ....

N

naranja (la) ....
nariz (la) ....
nuez (la) ....

O

oído (el) ....
opinar (verbo regular) ....

P

patatas fritas (las) ....
pavo (el) ....
payaso, payasa (el, la) ....
pescado (el) ....
pierna (la) ....
piloto (el, la) ....
pimiento (el) ....
plátano (el) ....
¡pobre! (expresión) ....
poema (el) ....
poeta, poetisa (el, la) ....
policía (el, la) ....
político, política (el, la) ....
pollo (el) ....
pomada (la) ....
practicar (verbo regular) ....
preparar (verbo regular) ....
profesional ....
profesor, profesora (el, la) ....
programador, programadora (el, la) ....
....
proteína (la) ....
protestar (verbo regular) ....
psicólogo, psicóloga (el, la) ....
psiquiatra (el, la) ....
publicar (verbo regular) ....

R

razón (la) ....
razonar (verbo regular) ....
recomendación (la) ....
recomendar (verbo irregular) ....
remedio (el) ....
resfriado (el) ....

S

salario (el) ....
saltar (verbo regular) ....
saludable ....
ser necesario (expresión) ....
sociólogo, socióloga (el, la) ....
soñar (verbo irregular) ....

T

teólogo, teóloga (el, la) ....
termómetro (el) ....
ternera (la) ....
tijeras (las) ....
tos (la) ....
trabajador, trabajadora ....
trabajar (verbo regular) ....
trabajo (el) ....

V

vendedor, vendedora (el, la) ....
ventaja (la) ....
verdura (la) ....
veterinario, veterinaria (el, la) ....

Y

yogur (el) ....

Z

zanahoria (la) ....

Cuida nuestro planeta

Unidad 6

Contenidos y actividades

1. Repasar los imperativos.
2. Formar los imperativos con los pronombres.
3. Los imperativos irregulares.
4. Fijarse en la pronunciación de [r] y [r̄].
5. El léxico de los ecosistemas y de la ecología.
6. Formar los gerundios regulares e irregulares.
7. Indicar lo que se está realizando ahora mismo.
8. Los nombres de algunos animales.
9. El léxico para describir animales.
10. Redactar una ficha sobre una ONG.

Lección

11 Verde, que te quiero verde

1 Repasa los imperativos

a. Lee los consejos de los ecologistas y completa con los verbos del recuadro.

Ahorra – apaga – Cierra – Viaja – Dúchate – Evita – Recicla – Utiliza – Ve

ECOLOGISTAS en acción
CASTILLA - LA MANCHA

1. .... energía: .... las luces y los aparatos totalmente. La lucecita de estos aparatos también consume energía.
2. .... bombillas ecológicas, consumen un 80% menos de energía que las creadas por Edison.
3. .... el papel, el vidrio y el plástico. .... imprimir en papel.
4. .... en transporte público o .... al colegio en bicicleta.
5. .... en lugar de bañarte, de esta forma ahorras más de 100 litros de agua. .... el grifo cuando te lavas los dientes.

b. Busca las frases del texto que hagan referencia a las siguientes imágenes.

☐ 

☐ 

☐ 

☐ 

☐ 

c. Rellena la tabla con la forma del imperativo de estos verbos.

VERBO	TÚ	USTED	VOSOTROS/AS	USTEDES
Reciclar	....	....	....	....
Beber	....	....	....	....
Consumir	....	....	....	....

2 Los imperativos con pronombres

a. Transforma las frases utilizando las personas *tú* y *vosotros* del imperativo y los pronombres adecuados, como en el ejemplo.

	TÚ	VOSOTROS
Ej. Cerrar/el grifo ⟶	**ciérralo**	**cerradlo**
1. Ahorrar/energía	....	....
2. Respetar/el medio ambiente	....	....
3. Apagar/el ordenador y la televisión	....	....
4. Amar/la naturaleza	....	....
5. Usar/la bicicleta	....	....
6. Poner/las bombillas ecológicas	....	....
7. Evitar/la contaminación	....	....
8. Cuidar/los parques	....	....
9. Reciclar/el papel, el vidrio y el plástico	....	....

b. Lee este texto de la madre Teresa de Calcuta y transforma como en el ejemplo.

La vida es...

Un don, (apreciar, usted)	**apréciel o.**
Una oportunidad, (aprovechar, tú)	....
Una belleza, (mirar, tú)	....
Un sueño, (realizar, tú)	....
Un desafío, (aceptar, vosotros)	....
Un deber, (hacer, usted)	....
Un juego, (jugar, tú)	....
Un tesoro, (conservar, ustedes)	....
Un amor, (disfrutar, usted)	....
Un misterio, (buscar, vosotros)	....
Una promesa, (cumplir, tú)	....
Una lucha, (ganar, vosotros)	....
Una canción, (cantar, usted)	....
Un peligro, (enfrentar, tú)	....
Una aventura, (vivir, ustedes)	....

Es preciosa, vívela
Es vida, lucha por ella.

3 Los imperativos irregulares

Completa con los verbos irregulares.

Hacer	Tú:	Usted:	Vosotros:	Ustedes: ....
Tener	Tú:	Usted:	Vosotros:	Ustedes: ....
Ser	Tú:	Usted:	Vosotros:	Ustedes: ....
Poner	Tú:	Usted:	Vosotros:	Ustedes: ....
Ir	Tú:	Usted:	Vosotros:	Ustedes: ....
Salir	Tú:	Usted:	Vosotros:	Ustedes: ....
Venir	Tú:	Usted:	Vosotros:	Ustedes: ....
Decir	Tú:	Usted:	Vosotros:	Ustedes: ....

4 La pronunciación [r] y [r̄]

Señala qué sonido oyes.

Pista 41

	[r]	[r̄]
1. Ahorra		
2. Recicla		
3. Carril		
4. Energía		
5. Ahorro		
6. Respeta		
7. Desarrolla		
8. Chorro		
9. Tira		
10. Destruye		
11. Tierra		

5 El léxico de los ecosistemas y la ecología

a. Relaciona las fotos con las palabras.

1

2

3
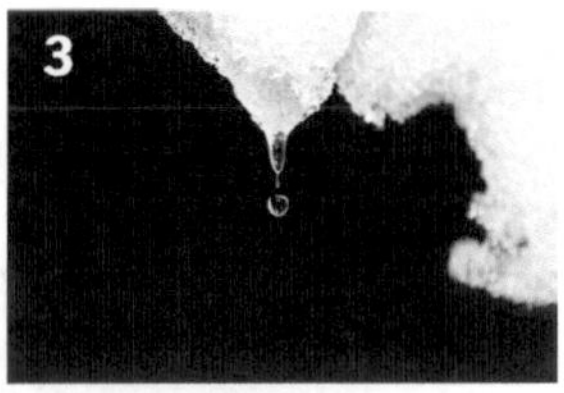

4

5

6

7

8

SEQUÍA .... ☐

RÍO .... ☐

DESIERTO .... ☐

DEFORESTACIÓN ...... ☐

DESHIELO .... ☐

MAR .... ☐

BOSQUE .... ☐

CONTAMINACIÓN ...... ☐

b. Y ahora di a qué categoría pertenecen.

Problema medioambiental	**Ecosistema**
....	....
....	....
....	....
....	....

Lección 12

Un mundo animal

1 Forma los gerundios

Busca diez gerundios y completa las frases.

d	h	a	b	l	a	n	d	o	t	p	x	v
i	y	i	l	b	a	a	b	u	h	i	j	i
c	x	a	e	s	f	c	q	r	a	d	i	e
i	u	o	y	e	n	d	o	s	c	i	t	n
e	u	p	e	c	f	j	h	a	i	e	v	d
n	c	o	n	s	t	r	u	y	e	n	d	o
d	z	s	d	w	r	e	u	b	n	d	e	y
o	l	c	o	e	i	c	i	e	d	o	i	p
c	ñ	p	o	n	i	e	n	d	o	j	p	e
d	u	r	m	i	e	n	d	o	s	h	f	e

1. Mónica está .... la siesta.
2. Mis abuelos están .... la radio.
3. Ainoa está .... por teléfono.
4. ¿Dónde está Luis? Está .... información en la oficina de turismo.
5. Estoy .... un libro muy interesante.
6. ¿Qué está ....? No le entiendo.
7. Mi padre está .... la comida y yo estoy .... la mesa.
8. Luis y yo estamos .... un documental sobre animales salvajes en la tele.
9. Están .... un nuevo polideportivo en mi ciudad.

2 Indica qué se está realizando ahora mismo

a. Forma frases con *estar* + gerundio, como en el ejemplo.

Ej.: Eduardo/pasear/por el parque → **Eduardo está paseando por el parque.**

1. Belén/jugar/al baloncesto. ....
2. ¿Qué/hacer/(vosotros)? Escuchar/música/y/hablar. ....
3. Yo/escribir/un correo electrónico/a un amigo. ....
4. Ellos/construir/un avión de madera. ....
5. Daniel/estudiar/para el examen de mañana. ....
6. Mis amigos/leer/en la biblioteca. ....
7. Mi hermana/ducharse. ....
8. Mis padres/dar/un paseo por la ciudad. ....
9. Hoy/llover. ....
10. Andrés/no/escuchar/la canción. ....

b. Completa con los gerundios de estos verbos el mensaje de esta ONG.

buscar – curar – hacer – informar – organizar – proteger – recoger

¡Protege a los animales YA! Asociación **ANIMALARIO**

ACCIONES ACTUALES

¿Quieres saber qué estamos .... para proteger a los animales?

1. Estamos .... a los animales abandonados y sin hogar.
2. Estamos .... una campaña de publicidad para adoptar animales.
3. Estamos .... a los animales heridos o enfermos.
4. Estamos .... a los animales en peligro de extinción.
5. Estamos .... a la gente de la necesidad de proteger a todos los animales.
6. Estamos .... voluntarios para nuestra ONG.

c. Mira las siguientes ilustraciones y forma frases con *estar* + gerundio.

1. ....
2. ....
3. ....
4. ....

5. ....
6. ....
7. ....
8. ....

3 Los nombres de algunos animales

Existen animales carnívoros, que comen carne o pescado, y animales herbívoros, que comen vegetales.

a. Observa las imágenes y escribe el nombre de cada animal en la tabla correspondiente.

ANIMALES CARNÍVOROS	ANIMALES HERBÍVOROS

b. ¿Conoces más animales herbívoros o carnívoros? Inclúyelos en la tabla.

4 El léxico para describir a los animales

a. Completa las definiciones de los siguientes animales con las palabras que faltan y relació-nalas con las imágenes.

pico – cuerno – aletas – rayas – rabo – manchas – alas

1. Tiene un __________ y es un animal muy pesado de color gris.
2. Es un animal muy, muy alto. Tiene __________ negras y marrones.
3. Se parece a un caballo, pero no es un caballo. Tiene __________ blancas y negras.
4. Este animal sabe volar, tiene __________ y __________ .
5. Es muy inteligente, vive en el mar y tiene __________ .
6. Este animal tiene un __________ muy largo y fuerte que le ayuda a agarrarse y saltar por los árboles.

a. ☐ b. ☐ c. ☐ d. ☐ e. ☐ f. ☐

b. Presenta un animal y completa la ficha.

- Nombre: ....
- ¿Es herbívoro o carnívoro?: ....
- ¿Dónde vive?: ....
- Descripción detallada del animal: ....

5 Redacta un texto

Crea una ONG. Completa paso a paso la ficha.

Nombre: ....

Lugar donde está: ....

¿A qué se dedica normalmente?: ....

¿Qué animal o animales protege?: ....

¿Qué acciones está haciendo ahora?: ....

EDUCACIÓN PARA LA CIUDADANÍA

¿Qué es ser *un ciudadano o una ciudadana?*

1

Copia cada frase en la forma de imperativo en su lugar correspondiente y añade para cada apartado un consejo más.

1. Aceptar ideas diferentes a las tuyas.
2. Buscar la paz, respetar los derechos y evitar los conflictos.
3. Conocer otras culturas y valorar a otras personas.
4. Considerar que cada persona tiene sus propias creencias religiosas.
5. Cuidar a los animales.
6. Evitar la violencia, discutir con calma el punto de vista de otros si no están de acuerdo contigo.
7. Mantenerse informado para poder opinar de lo que ocurre en tu ciudad, en tu país y en el mundo.
8. Evitar peleas y conflictos.
9. Hacer tus deberes antes de salir con amigos.
10. Intentar conocer a personas diferentes a ti para valorarlas.
11. Intentar conocer las creencias de los demás.
12. Evitar producir más basura de la necesaria.
13. Meditar tu voto y expresar tu voz votando al delegado de curso más adecuado.
14. Participar de forma activa en el Consejo Escolar de tu instituto.
15. Participar en actividades ciudadanas.
16. Reciclar las basuras y los residuos.
17. Respetar a los demás y buscar siempre la paz.
18. Ser cariñoso con las mascotas.
19. Ser pacífico y colaborar en construir un entorno de paz.
20. Ser responsable de tu habitación y tus objetos.

1. Cuida el medio ambiente
- a ....
- b ....
- c ....

2. Cultiva valores cívicos de respeto y tolerancia
- a ....
- b ....
- c ....

3. Respeta las creencias de los demás
- a ....
- b ....
- c ....

4. Construye en tu entorno una cultura de paz y respeto a los derechos humanos
- a ....
- b ....
- c ....

5. Protege a los animales
- a ....
- b ....
- c ....

6. Rechaza la violencia
- a ....
- b ....
- c ....

7. Cumple tus obligaciones
- a ....
- b ....
- c ....

8. Levanta la voz y exige
- a ....
- b ....
- c ....

9. Participa
- a ....
- b ....
- c ....

10. Valora al otro
- a ....
- b ....
- c ....

ESPACIO INTERDISCIPLINAR

¡ME GUSTA LA LENGUA!

1 LEE ESTAS FICHAS DE ESTOS ANIMALES Y COMPLÉTALAS CON LAS SIGUIENTES PALABRAS.

aguas – aletas – boca – cabeza – carnívoras – cuello – herbívoras – insectos – mamífero – mancha – negras – protege – rayas - reptil

LA CEBRA

Género: .... de la familia de los caballos y asnos.
Características: Un dato curioso de las cebras es que contrariamente a lo que muchos creen las .... son características de todos los animales de su familia, pero los caballos las han perdido. Esas rayas son .... y blancas, y además tienen una gran .... blanca en la zona del estómago.
Alimentación: ....
Hábitat: En cualquier parte de África.

LA TORTUGA MARINA

Género: .... marino.
Características: Tienen un duro caparazón que les .... ante los depredadores. Poseen un .... de 8 vértebras que pueden meterlo dentro del caparazón. Como no tienen dientes, poseen unos picos cortantes en la ....
Alimentación: Comen coral y plantas marinas. Algunas especies son .... y comen pequeños pulpos y medusas.
Hábitat: En cualquier océano.

EL CABALLITO DE MAR

Género: Pez de un tipo especial.
Características: Su nombre popular viene del parecido que tiene su .... con la de los caballos. Para nadar, se mueven por sus .... de los lados.
Alimentación: Carnívoros de pequeños .... y crustáceos.
Hábitat: Viven en .... templadas cercanas a los trópicos.

2 ELIGE UNOS DE ESTOS ANIMALES Y REDACTA SU FICHA TÉCNICA. PUEDES AYUDARTE DE LOS DATOS QUE TE DAMOS.

Conejillo de Indias o **cobaya:** mamífero, roedor, fruta y verdura, pastos y bosques, piel marrón.
Cóndor: ave, gran tamaño, cordillera de los Andes, cabeza pequeña y sin plumas, pico cortante, uñas cortas y rectas, carnívoro, animales muertos.
Puma: mamífero, felino, fuertes patas de atrás, fuertes dientes, piel dorada o negra, herbívoro y carnívoro, montes y selvas de Sudamérica.

Autoevaluación

Portfolio: evalúa tus conocimientos de español.

Después de hacer la unidad 6
Fecha: ....

	Nivel alcanzado			
	Insuficiente	**Suficiente**	**Bueno**	**Muy bueno**
Comunicación - Puedo hablar de problemas ecológicos. Escribe algunos ejemplos:	☐	☐	☐	☐
- Puedo describir animales. Escribe algunos ejemplos:	☐	☐	☐	☐
- Puedo indicar qué está haciendo alguien en estos momentos. Escribe algunos ejemplos:	☐	☐	☐	☐
Gramática - Conozco la forma de los verbos en imperativo. Escribe algunos ejemplos:	☐	☐	☐	☐
- Sé usar el imperativo para dar consejos y recomendaciones. Escribe algunos ejemplos:	☐	☐	☐	☐
- Conozco la forma de los verbos en gerundio. Escribe algunos ejemplos:	☐	☐	☐	☐
Vocabulario - Conozco las palabras relacionadas con la ecología. Escribe las palabras que recuerdas:	☐	☐	☐	☐
- Conozco los nombres de algunos animales. Escribe las palabras que recuerdas:	☐	☐	☐	☐
- Conozco los nombres de las partes del cuerpo de los animales. Escribe las palabras que recuerdas:	☐	☐	☐	☐

Mi diccionario

Traduce las principales palabras de la unidad 6 a tu idioma.

A
abandonar (verbo regular) ....
abril ....
activar (verbo regular) ....
adoptar (verbo regular) ....
agarrar (verbo regular) ....
águila (el, nombre femenino) ....
ala (el, nombre femenino) ....
aleta (el, nombre femenino) ....
amor (el) ....
aparato (el) ....
apreciar (verbo regular) ....
aprovechar (verbo regular) ....
aventura (la) ....

B
basura (la) ....
belleza (la) ....
biblioteca (la) ....

C
calentamiento (el) ....
calma (la) ....
caminar (verbo regular) ....
campaña (la) ....
campo (el) ....
cariñoso, cariñosa ....
carnívoro, carnívora ....
cebra (la) ....
cocodrilo (el) ....
colegio (el) ....
color (el) ....
concepto (el) ....
concienciar (verbo regular) ....
conflicto (el) ....
conservar (verbo regular) ....
constr**ui**r (verbo irregular) ....
contaminación (la) ....
creencia (la) ....
cuerno (el) ....
cumplir (verbo regular) ....
curso (el) ....

D
deforestación (la) ....
delegado, delegada (el, la) ....
delfín (el) ....
desarrollar (verbo regular) ....
descripción (la) ....
deshielo (el) ....
destr**ui**r (verbo irregular) ....
diente (el) ....
documental (el) ....
duchar (verbo regular) ....

E
ecología (la) ....
ecosistema (el) ....
electrónico, electrónica ....
elefante (el) ....
energía renovable (la) ....
entorno (el) ....
evitar (verbo regular) ....
exi**g**ir (verbo irregular) ....
extinción (la) ....

F
ficha (la) ....

G
grifo (el) ....

H
herbívoro, herbívora ....
herido, herida ....

J
jirafa (la) ....

M
mancha (la) ....
mascota (la) ....
medio ambiente (el) ....
medio de transporte (el) ....
mirar (verbo regular) ....
misterio (el) ....
momento (el) ....
mono (el) ....

O
oficina (la) ....
oportunidad (la) ....
orca (la) ....

P
pacífico, pacífica ....
paz (la) ....
peligro de extinción (el) ....
precioso, preciosa ....
preservar (verbo regular) ....
promesa (la) ....
prom**o**ver (verbo irregular) ....

prote**g**er (verbo irregular) ....
publicidad (la) ....
público (el) ....

R

rabo (el) ....
radio (la) ....
raya (la) ....
reali**z**ar (verbo irregular) ....
recha**z**ar (verbo irregular) ....
residuo (el) ....
reutili**z**ar (verbo irregular) ....
rinoceronte (el) ....
río (el) ....

S

salvaje ....
sequía (la) ....

T

Tierra (la) ....
tigre (el) ....
tóxico, tóxica ....
turismo (el) ....

V

vaca (la) ....
valorar (verbo regular) ....
valores (los) ....
vegetales (los) ....
violencia (la) ....
votar (verbo regular) ....
voto (el) ....
voz (la) ....

Pista 28

1. Esta chica es morena y lleva el pelo largo. Lleva una cazadora negra, un gorro y una bufanda de rayas. Parece muy divertida.

2. Es una mujer muy elegante. Es morena, tiene el pelo corto y lleva un vestido oscuro, negro. Parece muy simpática.

3. Es una chica joven. Lleva un gorro. Ah, es rubia y parece amable.

4. Es un chico joven. Lleva un jersey y tiene barba, una barba pequeña.

5. Es moreno y lleva gafas. Parece contento. Lleva una camiseta oscura y tiene un paraguas.

Pista 29

1.

–Necesito comprar un cuaderno o algo para escribir las actividades de la escuela.

–Pues esta agenda es muy bonita, me gusta mucho.

–Sí, es bonita, pero cuesta mucho. El cuaderno es más barato y puedes escribir más. No hay que gastar sin pensarlo.

–Tienes razón, mejor el cuaderno, es más práctico.

2.

–¿Qué le regalamos a Alberto? ¿Cuál prefieres, Ana?

–No sé...

–Yo creo que la de la Selección española de fútbol, ¿no?

–Sí, me gusta mucho, pero a Alberto no le gustan las marcas y la de rayas puede usarla todos los días.

–Pues la de rayas.

3.

–¡Qué hambre tengo!, no sé si comer un bocadillo de jamón o un bollo de chocolate.

–Mejor un bocadillo de jamón, además tiene menos grasa y es más sano.

–¡Y tiene menos azúcar!

Pista 33

Este adolescente inglés se ha convertido en el británico más joven en alcanzar el techo del mundo y en el adolescente más joven en escalar los «Seven Summits», los picos más altos de los siete continentes. El objetivo de Atkinson: alcanzar los 8 850 metros del Everest para obtener dinero para la asociación caritativa «Chase».

Pero el mérito también lo tiene su padre, Mark, que transmitió a su hijo la pasión por el alpinismo desde pequeño. Con esa edad, George escaló su primera montaña, la Slieve Donard, que es el pico más alto de Irlanda del Norte.

Un año más tarde escogió otras tres montañas en Escocia, Inglaterra y Gales. Estos fueron meros entrenamientos para escalar el Kilimanjaro, que conquistó en 2005 con tan solo 11 años.

Dos años después subió el monte Elbrús en Rusia y en 2008 alcanzó el Aconcagua y el Carstensz Pyramid mientras que en 2010 coronó el monte McKinley en Alaska y en enero de este año el monte Vinson, en la Antártida, antes de escalar la montaña más grande del mundo, el Everest.

Pista 34

1. avión
2. barco
3. cámara
4. escalar
5. últimos
6. excursión
7. hotel
8. mochila
9. montaña
10. playa
11. submarinismo
12. toalla
13. tren
14. esquiar
15. británico

Pista 35

Lola: ¿Este es tu padre?
Nico: Sí, antes tenía barba y bigote y llevaba el pelo largo a veces.
Lola: No lo reconozco. Ha cambiado mucho.
Isa: Vestía muy raro, ¿no?
Nico: Le gustaba mucho llevar pantalones anchos. Era la moda. Ahora es más clásico.
Lola: ¿En esta época vivía en el barrio?
Nico: No, vivía en un pueblo a dos horas de aquí.
Sebas: ¿Y esta es tu madre?
Nico: Sí, mi madre era muy guapa, ¿verdad?
Isa: Sí, era guapísima y estaba muy delgada.
Sebas: ¿Dónde estabais en esta foto?
Nico: Estábamos en el pueblo de mis abuelos. Íbamos todos los veranos de vacaciones.
Lola: Como yo. Me encantaba pasar las vacaciones allí, pero hace más de tres años que no vamos.

Pista 36

–El otro día me pasó una cosa increíble.

–¡Ah!, ¿sí?

–Sí, verás, ¿te acuerdas de que a mí me gustaba mucho Isabel, pero que no me atrevía a hablar con ella? Bueno, pues el martes estaba sentado en el parque que está delante del instituto. Estaba solo y hacía calor. Ya no había nadie en el instituto, o eso creía yo. Y yo estaba con los cascos puestos, estaba escuchando música. En esto noto que alguien me da un golpecito en la espalda y, ¿quién era?

–¡No!

–¡Sí, te lo juro, era Isabel! Estaba guapísima y me estaba sonriendo. Y me preguntó que si la acompañaba a casa. Yo, claro, dije que sí. Me puse nerviosísimo y ella se rio. Entonces me dice que le gusto mucho desde hace tiempo y que si quiero salir con ella.

–No me lo puedo creer.

–Pues sí. Así que ahora salimos juntos.

Pista 38

1. Soy bueno analizando y resolviendo problemas solo.
2. Recuerdo mejor lo que leo que lo que escucho.
3. Aprendo rápidamente las canciones y además me gusta escribir poemas.
4. Prefiero los libros con dibujos y cuadros porque me ayudan a estudiar.
5. Necesito actividades con movimiento y trabajar en grupo para aprender mejor.

Pista 39

1. Para ser cirujano es necesario ser habilidoso y conocer muy bien el cuerpo humano.
2. Para ser farmacéutico es importante conocer las medicinas y estudiar Química.
3. Para ser médico es necesario estudiar Medicina y tener un buen trato con las personas.
4. Para ser dentista es importante conocer muy bien todos los dientes y también ser habilidoso.
5. Para ser enfermero es necesario cuidar, curar y dar medicinas a los enfermos.
6. Para ser profesor en el hospital es necesario enseñar a los niños enfermos que están en el hospital y no pueden ir a su escuela.
7. Para ser psicólogo es importante escuchar a los demás y estudiar Psicología.
8. Para ser personal de limpieza es importante limpiar y tener todo en orden en el hospital.
9. Para ser payaso es importante jugar y hacer reír a los niños en el hospital.
10. Para ser dietista es necesario saber todos los tipos de alimentos y conocer bien el cuerpo humano.

Pista 40

¡Qué fin de semana tan ocupado! Hoy no me puedo levantar, ¡me duele todo el cuerpo!

Viernes: examen de Mates todo el día estudiando con el ordenador: me duelen los ojos y también la espalda.

Sábado: fiesta en casa de Rafael, ¡toda la tarde comiendo y bailando!: me duelen mucho los oídos y la cabeza por la música tan alta y los pies de tanto bailar. También el estómago por comer tarta de chocolate, patatas fritas y miles de gominolas.

Domingo: ordenar y limpiar mi habitación: me duelen los brazos y las piernas.